009

팸플릿 009

이기는 선거를 위한 실전 매뉴얼

선거,
버려야 이긴다

김준수 지음

한티재

차례

| 1장 |

선거에 대한 몇 가지 '착각'과 '거짓말'

| 5장 |

선거 실행 전략의 수립

| 6장 |

선거운동의 단계적 계획

| 7장 |

이기는 선거를 위한 필수 참고 자료

'포기하는 것이 얻는 것'이라는 담대한 조언

노회찬 국회의원, 정의당 원내대표

이 책의 저자 김준수는 저와 같이 민주노동당부터 진보신당, 정의당까지 산전수전을 겪으며 활동했던 정당인이며, 여러 선거를 치른 선거 전문가입니다. 2016년 제가 출마한 창원 성산구 국회의원 선거에서 여론조사를 주도하며 저의 당선에 기여했습니다. 또한 다수의 교육감 선거를 승리로 이끌었고, 특히 전북 교육감 선거에서는 김승환 교육감을 당선과 재선시키는 데 큰 역할을 한 장본인입니다. 그런 김준수가 자신의 경험을 총망라해서 선거에 출마하는 정치인들을 위한 책을 썼다니 반가운 마음입니다.

기업이 어떤 제품을 만들 때 가장 중요한 건 '좋은' 제품을 만드는 것이지만 단순히 제품이 좋다고 해서 잘 팔리지는 않습니다. 제품에 어울리는 이름을 붙이고(슬로건), 포장도 잘 만들고(홍보물), 결정적으로 누구에게 팔 것인지를 정해서(타기팅) 각종 매체에 광고를 해야 할 것입니다. 10대 중고생들이 살 물건인데 학생들이 학교에 가 있는 낮 시간에 TV 광고를 한다면 누가 그 물건을 살까요. 또는 "이 제품은 50대 이상은 사지 않을 확률이 높다"고 하면 50대 이상을 대상으로 하는 홍보는 과감히 포기할 줄 아는 것이 잘된 마케팅일 것입니다.

김준수는 그러한 과감함이 없으면 선거에서 승리할 수 없다고 말합니다. "포기를 해야 얻는 것이 생긴다", "모두의 지지를 얻어야 한다는 것은 착각이다", "타 후보 비판(네거티브)을 해서는 안 된다는 생각은 버리자" 등 과감한 주장이 책 속에 등장합니다. 마치 『군주론』의 저자 마키아벨리가 "인간은 부모의 죽음은 쉽게 잊어도 재산을 뺏은 자는 결코 잊지 못한다", "군주는 존경의 대상이 되지 못할 바에는 공포의 대상이 되는 게 낫다"라고 말했던 것과 비슷한 느낌을 가지게 됩니다. 하지만 그러면서도 김준수는 "내가 누구인지를 아는 것이 선거에서 앞으로 나아가는 핵심"이라는 점을 빠뜨리지 않습니다.

김준수가 다른 선거 기획자와 또 다른 점은 본인이 직접 선거에 출마를 해보았다는 사실입니다. 후보자의 마음을 잘 아는 사람, 그런 점에서 김준수의 이 책은 선거를 준비하는 후보자와 참모들 모두에게 훌륭한 교본이 될 수 있을 것입니다. 특히 좋은 정치를 준비하는 예비정치인들에게 중요한 경험을 선사할 것입니다. 훌륭한 정치인의 자질을 가진 많은 예비정치인들이 김준수의 경험을 통해 국민과 지역 주민 앞에 봉사할 수 있는 빛나는 기회를 얻기 바랍니다.

'이기는 전략'과 정치개혁의 이상

배병인 국민대학교 정치외교학과 교수

    나와 이 책의 저자는 오랜 친구이다. 굳이 따지자면 유년 시절까지 거슬러 올라가지만, 꿈도 많고 고민도 많았던 10대 후반에 우리는 비로소 친구로 '완성'되었다. 유유상종이었는지, 그 시절 우리는 정치에 대한 이야기를 즐겼다. 잘 알지는 못했지만, 우리가 일상적으로 마주치는 불합리함을 근본적으로 해결하기 위해서는 정치가 바뀌어야 한다는 막연한 생각을 가지고 있었다.

    그 막연함은 20대에 대학을 다니면서 조금씩 구체화되었다. 각자 공간은 달랐지만 당시 시대 상황에 우리는 적극적으로 맞섰다. 우리 사회의 불합리함이 근본적으로 어디에서 연유하는지, 그것을 어떻게 바꿀 수 있는지, 시대와 사회에 대한 고민을 같이 했다. 이런 고민들은 자연스럽게 무엇을 할 것인가로 이어졌다.

실천가인 저자는 학생운동에 이어 진보정당 운동에 투신하여 오늘에 이르렀고, 샌님인 나는 정치학자의 길을 걷고 있다.

제도와 권력의 문제를 탐구하는 정치학자에게 선거에서 중요한 것은 '이기는 전략'이 아니라 '바람직한 제도'이다. 한국 정치가 '그들만의 리그'로 전락한 이유는 근본적으로 유권자의 의사를 왜곡하는 선거제도에 있다. 모두들 한 표씩을 행사하지만 승자독식의 현행 선거제도는 유권자 대부분의 의사를 사표死票로 바꿔 버림으로써 결국 어처구니없는 낡은 정당체제를 지속시키고 있는 것이다. 비례대표제의 확대를 통해 표의 등가성이 확보되지 않는 한, 한국 정치의 개혁이란 요원할 뿐이다. 학자의 관점에서 선거를 말할 때 선거제도 개혁을 말할 수밖에 없는 이유이다.

그러나 학자의 시계와 실천가의 시계는 따로 돌기 마련이다. 학자가 느긋하게 제도 개혁의 필요성을 역설하는 동안 실천가는 그 불합리한 제도 속에서 어쨌든 무언가를 이루어 내야 하기 때문이다. 현행 선거제도를 통해 당선되어야만 현행 선거제도를 바꿀 수 있다는 역설은 학자에게는 큰 문제가 아닐 수 있으나 실천가에게는 어쩌면 사활적 과제일지도 모른다. 여기 이 책은 실천가로서 이러한 역설에 맞닥뜨려 온 저자의 고민과 경험의 산물이다.

이 책을 통해 독자들은 저자가 제안하는 선거에서 '이기는 전략'을 보게 될 것이다. 후보자로서든 참모로서든 각 급 선거에 이러저러한 방식으로 참여하는 모든 사람들에게 솔깃한 얘기가 아닐 수 없다. 그러나 저자가 제시하는 '이기는 전략'이 한국 정치의 개혁이라는 속 깊은 문제의식에 그 뿌리를 두고 있음을 또한 놓치지 말기 바란다. 그리고 저자와 함께 한국 정치의 개혁이라는 이상을 공유하기 바란다. 전략 없는 이상은 공허하지만, 이상 없는 전략은 맹목이기 때문이다.

재미있다, 쉽다, 깔끔하다

서복경 정치학 박사, 서강대학교 현대정치연구소 연구위원

재미있다

'선거 실전 지침서'라 할 만한 이 책의 장점은, 무엇보다 현장경험 20년을 씨줄과 날줄로 꿰어놓은 풍부한 사례들이 주는 '재미'다. 지나온 대통령 선거, 국회의원 선거, 자치단체장 선거와 지방의회 선거, 교육감 선거에 이르기까지, 필자가 직접 경험한 선거만이 아니라 온갖 선거 이야기들이 곳곳에 들어 있다. 학자연하는 고풍스런 말투나 숫자로 가득한 통계가 아닌, 마치 선거캠프 사무실 안에서 각각의 선거를 관찰하는 듯한 현장감을 통해 재연된다. 경험이 많다고 누구나 이런 글을 쓸 수는 없다. 필자 나름의 관점으로 재해석된 다양한 사례들과 함께,

마치 지금 이 자리에서 칠판을 앞에 두고 강의를 하는 것 같은 구성진 말투의 덕인 듯하다.

쉽다

마지막 장을 덮으면서, 지금 열아홉이 된 내 아이가 읽으면 좋겠다는 생각을 했다. 선거가 무엇인지, 유권자가 인식하는 정치의 세계는 어떻게 구성되어 있으며 그들이 정치적 결정에 이르는 경로는 무엇인지, 정치인과 유권자의 교감은 어떤 과정을 통해 이루어지는지, 민주주의에서 대표가 되고자 하는 자는 대표를 만들어주는 사람을 어떻게 바라보고 접근해야 하는지에 대한 이야기를 참 쉽게 풀어놓은 책이기 때문이다. 나는 정치학을 20년 넘게 공부했고 강의나 글로 이런 이야기들을 수도 없이 해왔다. 하지만 선거를 이렇게 쉽게 말할 수 있는 능력을 갖진 못했기에 필자의 경험과 능력이 부러웠다.

깔끔하다

선거는 우리 사회를 구성하는 무수한 의견과 이해가 몇 개의 집단으로 무리지어지고 그들 사이에 최고조의 갈등이 부상하며 당선자와 낙선자를 가리는 승패의 공간이다. 선거경쟁의 실전에 나서는 사람들에게 필요한 것은 일일이 열거하기도 어려울 만큼 많을 것이다. 그런데 이 책엔 군더더기가 없다. 그냥 실전에 필요한 이야기만 깔끔하게 들어있을 뿐. 선거를 준비하는 모든 이에게 도움이 되겠지만, 특히 처음 선거경쟁에 나서기로 마음먹은 사람들에게 권하고 싶다. 그렇지 않아도 온갖 고민으로 머리가 복잡할 터이니, 깔끔한 이 책으로 지도를 삼아보면 어떨까 싶기 때문이다.

패배 속에서 배운다

선거 컨설턴트로 활동하는 내게 많은 분들이 하는 질문이 있다. "지금까지 선거에서 승률이 얼마나 되십니까?"라는 물음이다. 이 물음에 대답하기가 참 곤혹스러울 때가 많다. 솔직히 나는 선거에서 승리한 경험보다 패배한 경험이 더 많다. 선거 컨설팅을 시작한 지 18년 세월 동안 초기 10년 가까이를 진보정당의 선거 기획 업무를 주로 담당했다. 대통령 선거, 광역단체장 선거, 국회의원 선거 등에서 나름 중요한 업무를 맡아서 일했지만, 패배의 연속이었다. 한국 사회같이 양당 구조가 고착화되어 있는 정치 상황에서 진보정당의 후보를 당선시킨다는 것은 불가능에 가까운 것이었다.

하지만 그 연속된 패배에서 나는 '선거'가 무엇인지를 배웠다. 그리고 그 누구보다 이기고 싶은 열망이 강했기에, 선거에서 승리하기 위해 무엇을 해야 하는지 고민하고 또 고민해왔다. 요즘은 승률을 묻는 질문에 웃으며 "3할은 됩니다. 야구에서도 3할 타자면 훌륭한 것 아닌가요?" 하고 대답한다. 결국 나는 패배 속에서 선거를 배워온 것이다.

기본이 튼튼해야 이긴다

내가 이 책을 쓰면서 강조하고 싶었던 것은 선거에도 '기본'이 있으며, "기본에 충실해야 이길 수 있다"는 것이다. 나는 지금까지 수많은 선거에 참여하면서 선거를 과학이라고 말하는 것은 책에만 있을 뿐, 실전에서는 여전히 다들 주먹구구식으로 선거를 치르고 있다는 것을 알게 되었다.

선거는 기승전결이 명확한 한편의 드라마 같은 것이다. 시작부터 기본적인 상황분석을 위한 과학적 조사 기법과 사람들의 마음을 읽고 움직이기 위한 심리학적 요소가 동원된다. 또한 마음과 마음으로 소통하기 위한 메시지를 구체적인 언어로 만들고, 그것을 매체를 통해 디자인해야 한다. 이 모든 과정을 충실히 밟아나갈 때, 당선이라는 소중한 결실을 맺게 된다. 나는 이런 과정 하나하나가 선거에서의 '기본'이라고 생각한다. 운동선수가 기본기가 부족하면 결코 경기에서 이길 수 없듯이, 선거 역시 마찬가지다. 기본에 충실하고, 기본이 튼튼해야 이길 수 있다. 이 책은 바로 이런 선거의 기본기를 어떻게 갖출 것인가에 대한 내 경험과 고민을 담은 결과물이라고 할 수 있다.

이 책은 총 7장으로 구성되어 있다.

1장 「선거에 대한 몇 가지 '착각'과 '거짓말'」에서는 말 그대로 후보자나 참모들이 빠지기 쉬운 선거에 대한 착각과 선거 때면 흔히 듣게 되는 거짓말에 대해 쓰고 있다. 2장 「선거란 무엇인가?」에서는 선거에 대한 정의를 통해 선거를 준비하는 초기부터 어떠한 관점을 지녀야 하는지를 서술했다. 3장 「선거 승리의 기본 원칙 — 이기는 선거는 반드시 이유가 있다」는 내가 선거 준비를 시작하는 후보자와 참모들에게 가장 많이 하는 말을 정리했다. 특히 "알아야 찍고(인지도), 좋아야 찍고(호감도), 찍어야 찍는다(지지도)"는 득표의 3단계와 "얻기 위해서는 과감히 포기해야 한다"는 '포기의 원칙' 등에 대해서는 꼼꼼히 살펴보고 실제 선거에 적용해 보기를 권한다. 1장에서 3장까지가 이 책의 제1부에 해당하는 부분이다.

4장 「선거 전략 수립, 어떻게 할 것인가」, 5장 「선거 실행 전략의 수립」, 6장 「선거운동의 단계적 계획」은 이 책의 제2부에 해당하는 부분으로, 실전에서 '선거 전략 기획서'를 완성하기 위한 과정, 관련 자료를 어떻게 찾고 활용할 것인지에 대한 내용 등을 구체적으로 적었다. 4장에서 6장까지 자세히 살펴보고, 이에 따라 실제 '선거 전략 기획서'를 만들어 볼 것을 제안한다. 이 과정이 바로 내가 강조하는 '기본'에 충실한 선거 준비의 첫 걸음이 될 것이다.

마지막으로 7장 「이기는 선거를 위한 필수 참고 자료」에는 지금까지 내가 선거에서 활용한 각종 조사·분석의 틀을 이해하기 쉽게 표로 만들어서 실었다. 이 책의 제3부에 해당한다. 이 부분에는 나와 함께 선거를 준비해 온 동지들의 수고가 함께 녹아 있다. 독자들이 7장에 있는 표에 자신이 조사하고 분석한 내용을 하나하나 채워 넣으면서 선거 준비에 직접 활용하길 바란다.

고맙고 또 고맙다

위에서도 언급했듯이 이 책은 오롯이 '나'만의 것은 아니다. 함께 진보정당 운동을 시작하고, 선거에서 패배를 함께 경험한 내 소중한 동지들의 노력이 스며 있는 책이다. 나는 이 책을 쓰면서 그들과 함께 만들었던 각종 자료를 참고했다. 그리고 내가 뭔가 잘나서 쓰는 책이 아니라 그들의 땀과 눈물을 정리하겠다는 심정으로 썼다. 원고를 최종 마감하고, 다시 한번 보면서 많은 것이 부족하다는 것을 느끼게 된다. 이 책의 부족함은 철저히 내 몫이고, 좋은 점이 있다면 그것은 내 동지들의 덕분이다.

이 책을 쓰면서, 치열하게 살다가 먼저 떠난 이재영, 조승범, 오재영 선배를 떠올렸다. 그들과 많은 선거를 함께 치렀고, 패배의 아픔을 쓴 소주 한잔에 같이 털어 버리기도 했다. 사랑하고 존경하는 선배들의 명복을 이 지면을 통해 다시 한번 빈다.

이 책을 세상에 내놓을 수 있도록 모든 힘을 기울여주신 한티재 출판사 오은지 대표, 변홍철 편집장에게도 진심으로 감사의 말씀을 드린다. 또한 부족한 책이지만 흔쾌히 추천사를 써준 노회찬 정의당 원내대표, 배병인 국민대학교 정치외교학과 교수, 서복경 서강대 현대정치연구소 연구위원에게도 감사의 마음을 표한다. 그리고 나와 함께 선거 컨설팅 그룹 '초아'를 운영해온 이현, 김상영 두 친구와, 지금 내게 '지담'이라는 공간을 만들어 준 대학 동기들에게도 이 지면을 빌려 고마움을 표한다.

마지막으로 결혼 생활 20년 동안 진보정당 운동하는 남편 때문에 많이 힘들었을 사랑하는 아내 박선영, 이 책이 나올 때면 수능이라는 어려운 터널을 벗어나서 미래를 꿈꾸고 있을 아들 민형이, 못난 아들 때문에 평생 고생하시다 이제는 잃어버린 기억과 싸우고 계신 아버님과, 오빠를 대신해 많은 책임을 지고 있는 동생 지현에게, 고맙고 사랑한다는 말을 전한다.

이 책이 선거를 준비하는 수많은 후보와 참모들에게 유익한 지침서가 되기를 바라며, 이 책에는 쓸 수 없었던 한국 사회 정치변혁에 대한 내 꿈 역시 행간에 담겨 있음을 밝힌다.

2017년 11월
안암동 '지담'에서
김준수

1

선거에 대한
몇 가지 '착각'과 '거짓말'

　　　　　　　대한민국 대다수의 국민들은 저마다 '선거 전문가'다. 선거 때가 되면 곳곳에서 선거에 대한 대화를 나누고, 자신의 관점에서 이러저러하게 선거에 대해 평하고, 후보자에 대해 논한다. 선거 관련된 토론의 장이 열리면 그 열기 또한 매우 뜨겁다. 어떤 경우에는 친구 간에, 가족 간에 이 토론으로 마음의 상처를 주기도 하고, 싸우기도 한다. 실제 투표율을 보면 우리 국민들의 선거에 대한 관심이 낮은 것 같지만, 선거에 참여하는 유권자들의 선거에 대한 관심과 식견은 만만치 않게 높다.

　이는 실제 선거를 준비하는 후보자, 선거 캠프 역시 마찬가지다. 내가 경험해 본 대부분의 후보자와 선거 캠프는 자신들 스스로 선거에 대하여 매우 잘 알고 있다고 생각한다. 선거 컨설팅 과정에서 만난 다수의 후보자와 선거 캠프 핵심 참모들은 정말 진지한 표정으로 자신이(우리 후보자가) 얼마나 경쟁력 있는 후보자인지, 얼마나 이기기 위한 준비가 되어 있는지, 또한 얼마나 평판이 좋은지를 늘어놓는다. 그리고 자신들이 얼마나 선거를 잘 알고 있으며, 이러저러한 선거 경험이 많은지 자랑스럽게 이야기한다.

바로 이 지점이 이 책을 쓰면서 '선거에 대한 몇 가지 착각과 거짓말'을 가장 먼저 이야기할 주제로 잡은 이유다. 선거를 잘 안다고 생각하지만 실제로는 제대로 바라보지 못하는 선거에 대한 '착각'과 '거짓말', 이것에 대한 시각 교정부터 선거에 대한 고민의 첫 출발로 삼고자 한다.

1. '내(후보자)가 좋아서 찍어준다'는 착각

선거에 출마하는 대부분의 후보자는 자신이 다른 경쟁자들보다 우월하다고 생각한다. 그 이유가 학력일 수도 있고, 전문적인 능력일 수도 있고, 출마 지역에서 자신이 지금까지 해 온 활동일 수도 있다. 아마도 자신이 당선될 수 있는 이유를 대라고 하면 보통의 후보자는 열 가지도 넘게 말할 수 있을 것이다. 그리고 그 확신을 바탕으로 나 같은 선거 컨설턴트를 역으로 설득하려 들기도 한다.

이러한 확신의 바탕에는 "유권자는 선거에서 좋은 후보자를 선택한다"는 생각과, 따라서 "유권자들이 자신의 장점을 제대로 안다면 자신을 선택할 수밖에 없을 것이다"는 생각이 깔려 있다. 물론 이런 생각이 아주 틀린 것은 아니다. 당연히 후보자는 유권자에게 자신의 장점을 최대한 널리 알려야 하고, 또 그런 성과들을 모아서 승리를 만들기 위해 최선의 노력을 다해야 한다.

하지만 선거 실전에서는 이것만 있는 것이 아니다. 유권자는 누가 좋아서 투표장에 가기도 하지만, 누가 싫어서 투표장에 가기도 한다. 어쩌면 누구를 당선시키기 위해서 투표장에 간 것보다, 누구를 낙선시키기 위해서 투표장에 간 유권자가 훨씬 더 많을 수도 있다.

최근 선거를 예로 들어보자. 2016년 총선은 박근혜 전 대통령에 대한 호불호好不好로 진행된 선거였다. 박근혜가 좋으면 1번 새누리당을 찍고, 박근혜가 싫으면 야당에 투표하는 선거였다. 야당이 더불어민주당과 국민의당, 정의당 등으로 분열되어 그나마 수도권에서 새누리당 후보자들이 일부 당선되었지만, 만약 야당이 나눠지지 않았다면 과연 그 선거에서 살아남은 새누리당 후보자가 얼마나 될까.

즉 지난 이명박–박근혜 정부 10년 동안 치러진 선거 때마다 유행처럼 등장했던 '야권연대', 또는 '반反새누리당 연대'는 정당 또는 후보자를 좋아하는(지지하는) 사람들을 모으는 것이 아니라, 사실상 여당 또는 당시의 대통령을 싫어하는 사람을 규합하는 전략이었다. 이것이 그 가치의 옳고 그름에 대한 판단을 넘어 실제 선거의 현실인 것이다.

결국 선거는 후보자라는 상품을 파는 것이지만, 후보자(상품)
의 좋은 면만을 알린다고 유권자(소비자)가 선택하지 않는다는
것이다. 따라서 전체적인 선거 구도와 변화하는 정세에 맞는 선
거 전략 수립과 선거 캠페인이 필요하다고 할 수 있다.

2. '모두의 지지를 받아야 한다'는 착각

선거에 나서는 거의 모든 후보자가 '착각'하는 것 중 하나가
바로 모든 유권자의 지지를 받겠다는 것이다. 사실 우리나라 선
거의 투표율은 국민적 관심사와 열기에 비해 매우 낮다. 일반적
으로 대통령 선거를 제외하고 국회의원 선거, 지방선거의 역대
투표율을 보면 60%가 안 된다. 최근 투표율만 따져도 2014년
에 치러진 제6회 지방선거가 56.8%였고, 2016년 국회의원 선
거는 58.0%였다. 이마저도 최근 선거에서 20대의 투표율 상승
과 사전투표제로 인한 결과이다. 결국 총 유권자의 과반수 정도
만이 투표장에 가는 선거라는 게임에서 어떻게 승리할 것인지
가 선거 캠페인의 핵심이다.

예를 들면 유권자가 1,000명인 A선거구가 있다고 가정해 보
자. 후보자가 진행해야 하는 선거운동의 대상은 과연 몇 명일

까? 1,000명일까, 아니면 투표율 60%를 가정하여 600명일까.

그렇지 않다. 정당 공천이 후보자의 당락을 거의 결정하는 지역이 아니라면, 수도권 지역의 경우 현재와 같은 다당제 구도에서 대략 40% 정도면 당선권이라고 볼 수 있다. 그렇다면 A선거구에서 600명이 투표를 한다고 할 때 실제 당선 가능한 표는 240표이다. 그 240명을 찾아내고, 투표장에 오게끔 만드는 것이 선거 캠페인의 일차적 목표이다.

그런데 여기서 끝이 아니다. 만약 후보자가 여론조사에서 20%의 지지(무응답, 무당층 포함)를 얻는 정당의 공천을 받았다면 정당 지지 유권자 150~200명을 제외한 90~40명의 유권자(정당 지지자의 투표율, 충성도, 여론조사 오차범위 등을 고려)를 확실한 자신의 표로 만들면 된다.

이런 상황이라면 한 선거구에서 2~4명을 뽑는 지방선거 기초의원 선거는 실제 획득해야 할 유권자의 수의 범위가 더욱 좁아진다. 수도권 3인 선출 선거구의 경우 불과 10% 초반에서 당선자가 결정되는 경우도 있기 때문이다. 결국 길에서 만나는 10명의 유권자 중 확실한 2명의 지지자를 확인할 수 있다면 그 선거는 이기는 것이다.

하지만 내가 만난 대부분의 후보자는 이를 망각한다. 눈에 보이는 모든 사람이 자신의 선거운동의 대상이 된다. 물론 선거에서 이기기 위해서는 뭐라도 해야 하는 심정은 알겠으나, 이런 방식의 선거운동으로는 결코 성공할 수가 없다. 중요한 것은 자신이 표를 얻어야 할 표적집단을 더욱 세분화하고, 메시지를 단순화하여 집중적인 선거운동을 진행하는 전략이 필요하다. 이에 대해서는 뒤에 상세하게 서술하겠다.

3. '중간층이 있다'는 착각

수많은 선거 교과서에는 "선거에서 승리하기 위해서는 표밭의 중간지대로 가야 한다"고 이야기하고 있다. 또한 실제 선거에서 많은 후보자들과 선거 참모들 역시 이런 이야기를 자주 한다.

하지만 "실전에서 정말 그러한가?", "선거에 중간층(지대)이 있기는 한가?"라는 질문을 던지지 않을 수 없다. <u>나는 중간층(지대)은 머릿속에만 존재할 뿐 실제 선거에서는 거의 없다고 생각한다</u>. 물론 예외는 있다. 바로 대통령 선거이다. 우리나라처럼 대선이 지역과 세대 대결구도가 치열하게 전개되는 경우에는 당연하게 지역, 연령(세대)별 중간층이 존재한다. 하지만 그 외 국회의원 선거와 지방선거에는 중간층(지대)은 실제 존재하지 않는다.

위에서도 언급했듯이 대통령 선거를 제외한 최근 우리나라 선거의 투표율은 대략 55%에서 60% 사이이다. 여론조사에서 '지지후보자 없음' 또는 '잘 모르겠음'이라고 응답하는 유권자층은 결국 투표하지 않는다고 봐야 한다.

대부분의 사람들이 중간층이라고 언급하는 것의 실제 성격은 바로 유동표이다. 이러한 유동표는 여론조사에서 무당층(지지정당 없음) 또는 해당 선거구에서 자신이 지지하는 정당의 후보자가 출마하지 않은 유권자층에서 '반드시 투표할 것'이라고 언급한 사람들이거나, 아니면 자신의 지지정당 후보자를 확고히 지지하고 있지 않은 사람들이다.

내 경험을 예로 들어보자.

A라는 후보자가 선거운동 들어가기 직전에 여론조사를 진행했다. 상대 후보자와 5% 안팎의 오차범위 안에서 치열한 접전인 상황으로 확인되었다. 여론조사 결과로 보면 '지지후보자 없음' 또는 '잘 모르겠음'이라고 응답(이를 보통 무응답층, 부동층이라 한다)한 유권자가 40% 정도였다. 이런 상황에서 대다수의 사람들은 향후 선거운동 방향은 이들을 향해야 한다고 판단할 것이다. 얼핏 보면 맞는 말일 수도 있지만 결론은 '틀렸다'이다.

무응답층에서 실제 투표 의향층은 10%도 안 되었고, 거기서는 A후보자가 상대 후보자에게 밀리지 않았다. 문제는 다른 곳에 있었다. 상대 후보자는 자신의 정당 지지층의 80% 이상을 흡수하고 있는데, A후보자는 약 65%밖에 흡수하고 있지 않았다. 또한 A후보자의 소속 정당과 이념적, 정책적으로 가까운 정당(이 정당은 여기서 후보자를 내지 못했다)의 지지층을 흡수하지 못하고 있었다.

이런 경우에 어떻게 할 것인가? 자신의 머릿속에만 존재하는 중간층, 부동층을 찾아 헤맬 것인가?

이런 상황에서 나의 조언은 다음과 같았다.

(1) 선거를 일차적으로 정당 구도로 이끌어 갈 것, 상대 정당과의 당 대₩당 구도를 형성시켜 자신의 정당 지지층을 빠르게 흡수할 것, (2) 소속 정당에 대한 자신의 기여도, 당선될 경우 정책 수행능력, 자신의 정체성 등을 명확히 할 것, (3) 후보자를 내지 않은 정당의 지지층을 흡수하기 위해 그 정당의 주요 인사의 지지 선언을 이끌어 내고, 해당 정당의 전통적인 정책을 자신의 것으로 발표할 것 등이었다. 결론은 어떻게 되었을까? 이는 독자들의 상상에 맡긴다.

내가 이 문제를 길게 서술한 이유는 바로 다음에서 이야기할 '집토끼'와 '산토끼'의 문제 때문이다.

4. '집토끼는 이미 내 것이다'라는 착각

선거를 치르면서 캠프 내에서 항상 접하는 논쟁 중 하나가 바로 '집토끼', '산토끼' 논쟁이다. 이 역시 대부분의 선거 교과서에 "집토끼 먼저 잡고 산토끼를 잡아야 한다"고 서술하고 있다.

당연한 말이다. 일반적으로 선거가 본격화되기 전에는 자기 지지 가능층부터 먼저 다져야 한다. 진보든 보수든 자기 지지 성향의 표를 먼저 결집해야 상대와 경쟁할 수 있는 기반이 생긴다. <u>자신의 지지 가능층에서 실제 지지를 이끌어 내지 못하는 상황에서 과연 '중간층'이 존재할 수 있을까.</u> 그렇다. 바로 이 지점이 '집토끼'를 먼저 잡아야 할 이유다. 왜냐하면 유권자는 자신의 지지층을 결속시키지 못해 안정적인 지지율을 확보하지 못한 후보자를 계속 지지해 줄 이유가 없기 때문이다.

이 역시 내 경험을 예로 들어보자.

2009년 당시 처음으로 서울 시민 직선으로 치러진 서울 교육감 선거의 경험이다. 당시 나는 소위 '진보교육감' 후보자 캠프의 전략기획 및 홍보 책임자로 일했다.

선거 중반 캠프 내에서 논쟁이 붙었다. 처음으로 치러지는 교육감 선거이기에 선거 인지도가 낮고, 보궐선거이기에 투표율이 매우 낮을 것으로 예상하여 우선 '집토끼'부터 잡아야 한다는 의견(핵심 지지층 결집 전략)과 이미 캠프에 민주진보진영 및 교육시민사회단체 등이 결집해 있는 상황이기에 '집토끼'보다는 '산토끼'를 잡으러 가야 한다는 의견의 대립이었다.

나는 전자 의견의 적극적 주창자였다. 당시 내가 제출한「서울 교육감 선거 전략기획서」를 인용해 보자.

핵심 지지층 조직 전략 — 집토끼를 잡아야 이긴다!

- 이번 선거는 대략 800만 유권자 중 대략 15% 내외, 약 120만 명 정도가 투표에 참여할 것으로 판단됨. 다자구도에서 당선권을 35~40% 득표로 볼 때, 대략 40만 표에서 50만 표 사이에서 결정될 것으로 보임.

- 모든 선거에서 자신의 고정 지지 예상층의 투표참여를 높이는 것이 일차적인 승리의 관건이 됨. 이를 위해 초기에 핵심 지지층에 대한 홍보와 선거운동이 집중되어야 함. 특히, 정책 이슈 등에서 과감히 버릴 것은 버리고, 우리의 정체성을 명확히 드러내는 선거운동이 필요함.

이 선거에서 '집토끼 vs 산토끼' 논쟁은 결국 메시지의 혼란으로 이어져 선거 패배의 결과로 귀결된다.

소위 '집토끼'론을 주장했던 캠프 내 성원들은 당시 광우병 촛불 집회의 열기 속에 핵심 메시지로 '이명박 특권교육 심판론'을 주장했으며, 특히 서울 교육감 선거의 가장 중요한 이해 당사자였던 전교조 서울지부는 정책 이슈로 사교육비 폭등의 주범인 '특목고·자사고 폐지', '교원평가제 폐지' 등을 제시했다.

하지만 소위 '산토끼'론을 주장했던 분들은 '산토끼'를 잡기 위해서는 슬로건이나 정책이 너무 강하면 안 된다고 주장했다. 캠프 내 논쟁이 만만치 않았다.

그 결과 주요 슬로건에서 '이명박 심판'을 쓰지 못했으며, '특목고·자사고 폐지'는 '특목고·자사고 정상화'로, '두발 자유화'는 '두발 자율화' 등으로 수정하여 표현할 수밖에 없었다. 결국 이 선거는 당시 보수 성향의 현직 교육감이 선거 막판에 서울 전역을 플래카드로 도배한 "전교조에 휘둘리면 교육이 무너집니다"라는 '전교조 vs 反전교조' 프레임에 갇혀 패배할 수밖에 없었다.

전체 8,084,574명 유권자 중 1,251,216명이 투표하여 15.5% 투표율에 우리 후보자의 득표는 38.3%였다. 상대 후보자는 40.1% 득표. 서울시 25개 자치구 중 17개에서 승리하고, 8개에서 졌으나, 결과는 1.8%, 약 2만 표 차이로 석패했다. 정말 눈물 나도록 아쉬운 선거였다.

이렇게 길게 아픈 패배의 기억을 되살린 이유가 있다.

바로 해당 선거의 특징, 즉 예상 투표율, 선거 구도, 핵심 지지층 결집 정도 등을 총체적으로 고려하지 않은 채 자신의 머릿속에서만 존재하는 중간층(산토끼)을 잡겠다고 정치적 사안이나 이슈에 대해 항상 중간 입장 또는 절충적 입장을 취하는 순간

이 선거는 당시 보수 성향의 현직 교육감이 선거 막판에
서울 전역을 플래카드로 도배한 "전교조에 휘둘리면 교육이 무너집니다"라는
'전교조 vs 반(反)전교조' 프레임에 갇혀 패배할 수밖에 없었다.

자신의 지지층은 등을 돌리게 된다는 것이다. 바로 산토끼를 잡으려다 집토끼가 달아나는 현상이 생긴다는 것이다.

다시 한 번 강조한다. 집토끼 먼저 잡고, 산토끼를 잡아야 한다. 산토끼를 잡기 위해서라도 집토끼부터 먼저 잡아야 한다.

또한 적당히 밋밋하게 말한다고 중간층(또는 부동층)의 지지를 얻지는 못한다. 중요한 것은 우리 후보자에게 투표할 이유를 명확히 하는 것이다. 특히 소속 정당의 정체성을 좌우하는 핵심 이슈에 대해서는 전통노선에 충실해야 하며, 자신의 핵심 지지 예상층에 대해서 그들이 적극적으로 선거에 뛰어들 근거를 확실하게 제시해야 한다.

5. '선거에서 이기는 묘수가 있다'는 착각

정치 컨설팅 일을 하는 나와 만나게 되는 후보자들의 대부분은 첫 자리에서부터 '이기는 묘수'를 알려 달라고 한다. 그리고 꼭 거기에 덧붙이는 말이 "누구는 어떻게 해서 당선됐다던데……"이다. 그럴 때면 나는 웃으면서 "그런 묘수를 내가 알고 있다면 내가 출마를 하지요", "그렇다면 그 누구에게 어떻게 하라고 말해 준 컨설턴트를 찾아 가시라"라고 대답한다.

물론 정치 컨설턴트는 선거에서 이기는 길로 안내하는 길잡

이이자, 선거 승리를 위해 필요한 것을 만들어 주는 조언자이자, 조력자이다. 또한 선거에 대해 풍부한 경험을 가지고 있고, 전문적인 식견 역시 준비되어 있다. (물론 그렇지 않은 사람들도 많지만.) 그러다 보니 대부분의 의뢰인(후보자)은 다짜고짜 '묘수'부터 요구하는 것을 당연하다고 생각한다. 특히 인지도가 낮은 후발주자이거나, 정치 신인인 경우는 더욱 그러하다.

그러나 나는 단연코 "선거에서 묘수는 없다"고 생각한다. 물론 나 역시 몇 가지 팁을 소개하며 선거에서 활용하기도 한다. 그럼에도 선거 승리의 비법은 뭔가 특별한 묘수가 아니라 '기본'을 지키는 것에서부터 시작한다.

자신이 출마할 선거구의 환경을 면밀히 분석하고, 상대 후보자를 분석하고, 후보자 자신의 장단점을 냉정히 점검하고, 유권자의 요구Needs를 정확히 확인하는 것부터 시작해서, 구체적인 선거 전략을 수립하고 실제 실행하는 것만이 선거 승리의 '비법'이다.

다시 한 번 강조하건대 선거의 승리는 '묘수'가 아니라 충실한 '기본기'를 갖추는 것에서부터 시작한다는 것을 명심하자. 이 책은 바로 선거의 '기본기'를 충실하게 쌓기 위해 만들어진 책이다.

6. '사람 보고, 공약 보고 찍어준다'는 거짓말

선거 때 유권자들로부터 가장 많이 듣는 말 중 하나는 바로 "사람 보고, 공약 보고 찍는다"이다. 유권자들을 폄하하는 발언은 아니지만, 실제 이 말은 '거짓말'이다.

여론조사를 선거 컨설팅에서 가장 중요하게 생각하는 나로서는 이 지점에 대해서는 속이 좀 쓰리다. 여론조사의 결과를 금과옥조金科玉條처럼 생각하고, 그에 기반해서 선거 전략을 수립하는 컨설턴트가 아이러니하게도 여론조사 결과를 '거짓말'이라고 하고 있으니 말이다.

실제 선거 과정에서 진행하는 각종 여론조사 항목에는 '후보자 선택 기준'이라는 항목이 대부분 포함되어 있다. 언론을 통해 발표되는 이러한 여론조사의 결과를 보면 대부분 인물(능력, 청렴도 포함)과 정책공약이 후보자 선택 기준에서 높게 나타난다.

예로 지난 2016년 국회의원 총선 전인 3월 21~22일 양일간 중앙선거관리위원회가 여론조사기관인 (주)리서치앤리서치에 의뢰한 여론조사 결과를 살펴보자.

'선생님께서는 이번 국회의원 선거에서 투표하신다면, 지지 후보자 선택 시 어떤 점을 가장 많이 고려하시겠습니까?'라는 질문에 '인물/능력'이 35.1%, '정책/공약'이 27.3%로 다른 항목에 비해 월등히 높은 것을 확인할 수 있다. 하지만 정말 그러한가?

당시 여론조사 결과를 좀 더 상세히 살펴보자.

서울의 경우 후보자 선택 기준에서 '인물/능력' 35.0%, '정책/공약' 27.3%, '소속 정당' 21.7%로 '소속 정당' 항목이 평균보다 높다. 그런데 광주/전라는 '인물/능력' 39.3%, '정책/공약' 29.5%, '소속 정당' 5.5%로 '소속 정당' 항목이 평균보다 매우 낮게 나타났다. 대구/경북 역시 '인물/능력' 42.9%, '정책/공약'

후보 선택시 고려사항 (%)

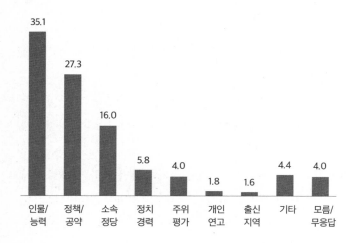

27.8%, '소속 정당' 11.4%로 '소속 정당'이 평균 이하이다.

이를 어떻게 해석할 것인가?

서울의 유권자들에게는 '소속 정당'이 후보자를 선택하는 데 매우 중요한 판단 기준으로 작용하고 있다. 정치적 대립이 격화된 상황에서 서울(수도권)의 표심에 '소속 정당' 항목이 유권자들에게는 중요하게 다가선 것이다. 그런데 '소속 정당'이 실제 투표에 가장 큰 요소로 작용하는 대구/경북과 광주/전라 지역은 왜 이렇게 여론조사에서 '소속 정당' 항목이 낮게 나타난 것인가. 그 이유는 바로 '소속 정당'이 선택의 기본이라는 것을 역설적으로 설명한다. 어차피 소속 정당을 기준으로 투표할 것인데, 여론조사에서 굳이 밝힐 필요가 없다는 것이다.

만약 유권자들이 위 여론조사의 결과대로 '선택'을 했다고 해도 선거 결과가 이렇게 되었을까? 만약 그렇다면 당시 영남권에서 출마한 더불어민주당의 대다수 후보자가 인물과 정책/공약에서 새누리당 후보자에게 뒤떨어졌기 때문이라는 결론이 나올 수밖에 없는데, 과연 얼마나 사실에 부합할 수 있을까?

나의 결론은, 유권자는 인물이나 공약을 보고 투표하겠다고 하지만 실제 투표장에 가서는 결국 다른 것에 의해 최종적으로 선택한다는 것이다. 나는 그 다른 '무엇'은 <u>지역주의가 기반이 되고 있는 한국 정치의 현실로 인한 '정당 구도'와 백화점식으로 늘어 놓은 '정책/공약'이 아니라 찬반으로 치열하게 형성되</u>

는 '이슈'라고 생각한다.

이에 대해서는 뒤에서 더 자세히 이야기하겠다.

7. '남 욕하지 말고 자기 이야기를 하라'는 거짓말

선거를 치르다 보면 후보자나 캠프 성원이 많이 듣는 말이 "남 욕하지 말고 자기 이야기를 하라"는 것이다. 그런데 선거는 남(상대 후보자 또는 공천 과정에서는 당내 경쟁 후보자)을 욕할 수도 있어야 한다.

최근에 있었던 더불어민주당과 자유한국당의 대통령 후보 경선을 생각해 보자. 같은 '친노' 그룹인 문재인 후보와 안희정 후보 간에 얼굴 붉힐 정도로 상대방에 대한 네거티브 공세가 오고갔다. 자유한국당 역시 다른 후보자들이 홍준표 후보에 대해 지극히 사적인 부분까지 언급하며 치열하게 싸웠다. 하지만 경선 이후 그들은 언제 자기들이 싸웠냐는 듯 생맥주 한잔 마시면서 웃고, 안고, 심지어 안희정 후보는 문재인 후보의 볼에 뽀뽀까지 했다.

그렇다. 이게 정치고, 선거다. 어쩌면 선거에서 네거티브 전략은 필수적인 요소일 수 있다.

그런데 실제 선거를 치르는 후보자, 특히 정치 신인일수록 이러한 네거티브 전략이 낯설고 자신의 입으로 한다는 것이 매우 불편하고 못마땅하다. 자신의 장점을 알리기도 바쁜데, 왜 선거 컨설턴트는 상대 후보자의 욕을 계속 하고 다니라고 하는지 납득이 안 가는 경우도 많다. 그런 상황에서 선거운동 과정에서 만난 그 누군가가 "남 욕하지 말고 자기 이야기를 하라"고 하면 후보자의 입장에서는 그 소리가 너무 반가울 수도 있다. 심정적으로는 충분히 이해한다. 하지만 그것은 결코 이길 수 있는 '답'은 아니다.

이 역시 내 경험을 예로 들자. A라는 후보자가 있었다. 정치 신인이었고, 당내 공천 싸움이 치열한 상황이었다. 상대 후보자 B는 현역이었으니, 결코 만만한 싸움은 아니었다. 내가 몇 차례 여론조사를 진행했고, 상대 후보자 B에 대한 평가, 정당 지지율, A후보자의 인지/호감도, 후보자 선호도 등의 결과를 바탕으로 경선 전략을 짜주었다.

내가 진행한 여러 차례 여론조사의 결과를 볼 때 상대 후보자 B의 업무 평가는 그리 좋은 편은 아니었고, 과거 부정부패 혐의로 구속된 적도 있었다. 그럼에도 해당 정당의 당원과 정당 지지층에서 지지율이 상당히 높게 나왔다. 이에 반해 A후보자는 상대적으로 깨끗한 이미지였으며, 정치 신인으로 개혁성까지 담고 있었지만, 인지도 부족으로 지지층이 제대로 형성되지 못하고 있었다. 특히 해당 정당의 당원과 지지층에서 상대 후보에 비해 지지율이 현저하게 떨어지고 있었다.

나는 A후보자가 당내 경선에서 이기기 위해서는 해당 정당 당원 및 지지층을 흔들어야만 하는 상황이며, 상대 후보자의 부정 평가의 내용을 공세적으로 확산시킬 필요가 있다고 판단했고, 또 그렇게 조언했다. 하지만 A후보자는 그 지점을 자신있게 돌파하지 못했다.

자신이 상대 후보자보다 더 훌륭한 사람이라고 생각했고, 그렇기 때문에 자신이 앞장서서 상대 후보자를 공략하지 못했다. 거기에 몇몇 유권자로부터 "남 욕하지 말고 자기 이야기를 하라"는 말을 듣자, 아예 상대 후보자 공략을 포기했다. 내가 몇 차례 후보자를 독대해서 설득했으나, 요지부동이었다. 역으로 내게 지역 상황을 모른다고 호통까지 칠 정도였다. 문제는 거기에서만 그친 것이 아니었다. B후보자에 대한 네거티브 공세의 주도권을 또 다른 경쟁 후보자인 C에게 빼앗긴 것이다. C후보자는 격렬하게 B후보자의 문제점을 공격했으며, 경선 막판 B후보자의 강력한 대항마로 떠오르게 된다. 공천 경선의 결과는 어떻게 되었을까. 그 결과는 독자의 상상과 같았다.

마지막으로 이 부분에 대해서는 이런 말을 하고자 한다.

선거에서 "남 욕하지 말고 자기 이야기를 하라"고 하는 사람들은 실제로는 거의 대부분 숨어 있는 '남의 편'이다.

8. '내가 움직이면 몇(백) 표'라는 거짓말

선거에서 가장 조심해야 할 것이 선거법을 위반하는 것이다. 물론 선거는 "하지 말라"는 것을 제외하고 모든 것을 해도 된다. 필요하다면 선거법에서 규정하지 않고 있는 빈 공간을 잘 찾아서 자신에게 유리하게 활용할 수 있다면 좋다. 그럼에도 불구하고 선거법을 지켜야 한다. "뭐 이것 정도는 해도 되겠지" 하다가 문제가 생기고, 고발당해서 자칫 피선거권까지 박탈당하는 경우도 허다하다.

그중 후보자들이 가장 유혹에 빠지기 쉬운 것이 '조직'에 관한 것이다. 물론 선거에서 자신을 도와주겠다는 사람이 많으면 당연히 좋은 것이고, 또한 영향력 있는 사람을 캠프로 끌어들이면 선거에서 상당히 유리한 고지를 선점하게 되는 장점이 있다. 그것이 지지자의 열정을 모아내는 것이라면 선거에서 당연한 것이고, 적극 추진해야 할 부분이다.

문제는 다른 곳에 있다. 당내 경선을 치열하게 치르는 후보자나 본선에서 오차범위 내 접전을 벌이고 있는 후보자들에게 항상 다가서는 사람들이 있다. 그들은 소위 지역 내에서 나름 '선거꾼'이라고 하는 사람들이다. 그들은 후보자들에게 다가서서 자신이 얼마나 해당 지역에서 영향력이 있는지, 자신이 움직일 수 있는 표가 얼마인지를 이야기한다. 그리고 후보자들에게

은근슬쩍 보이지 않는 대가를 요구하는 것이다. 이 '유혹의 덫'에 걸리면 선거는 그것으로 끝장날 수 있다.

내가 컨설팅을 한 후보자들 중 일부는 이런 문제에 대해 필자에게 상담을 하기도 했다. 그럴 때마다 나의 대답은 당연히 'No'였다. 하지만 내 조언을 무시하고 비밀리에 그런 제안을 덜컥 받아들인 후보자들 역시 있었을 것이다. 나는 그것의 결과가 좋았다는 후보자를 본 적이 없다. 결국 자신의 돈만 날리고, 혹시 그러한 숨은 거래가 드러날까 봐 마음은 불안하고, 실제 성과는 없는 상황에 직면하게 된다.

앞으로 선거를 준비하는 후보자들에게 간곡히 당부드린다. 자신에게 다가와서 "내가 움직이면 몇(백) 표"라고 이야기하는 사람들을 결코 믿지 마라. 그들은 '거짓말쟁이'일 뿐이다.

② 선거란 무엇인가?

1. 선거는 '표'를 얻기 위한 게임이다

내가 만난 대부분의 후보자들이 하는 질문 중 하나가 바로 "선거란 무엇인가?"이다. 물론 그들 역시 자기의 언어로 선거에 대해 이야기한다. 선거 경험이 있는 후보자들은 "선거, 뭐 그까짓 거……" 하는 경우도 있고, 정치 신인의 경우 매우 심각한 표정으로 자신이 생각하는 선거에 대해 더듬더듬 이야기하기도 한다.

나는 "선거란 무엇이냐"라는 질문에 우선 "선거는 표로 결정되는 단순한 게임이다"라고 이야기한다. 이에 대해서는 정치 컨설턴트 박성민의 책 『강한 것이 옳은 것을 이긴다』에 자세히 서술되어 있다. 나 역시 박성민의 의견에 절대적으로 동의한다.

선거는 결코 복잡하지 않다. 아니 복잡하게 생각하면 절대로 이길 수 없다. 선거는 결과로 이야기하고, 그 결과는 매우 단순하지만 결국 '표'로 결정된다. 단 한 표라도 많이 얻으면 이기는 게임이 바로 선거이고, 선거의 목표는 '득표'를 통한 '당선'이기 때문이다.

　물론 내가 지금까지 컨설팅을 하고 결합했던 수많은 선거에서 이기기도 했고, 지기도 했다. 어떤 선거는 이래서 이겼고, 또 어떤 선거는 저래서 졌다고 이야기할 수 있다. 그럼에도 필자가 가장 동의하지 못하는 선거는 "우리는 정당했고, 옳은 길을 갔다"고 자위하는 것이다.

　선거는 단순하지만, 냉정하다. 패배한 선거는 세상 그 무엇보다 뼈저리게 아프다. 선거 패배 후 새벽에 마시는 소주 한잔이 얼마나 쓰디 쓴 줄 아는가. 상상할 수 없을 정도다. 후보자뿐만 아니라, 참모들, 선거운동원들, 그리고 컨설턴트까지.

　그래서 선거 컨설턴트로서 나는 모든 선거를 시작하기에 앞서 "우리는 몇 표를 얻어야 이길 것인가?"를 먼저 분석하고, 판단한다. 그것을 명확히 할 때에만 그 '몇 표'를 얻기 위해 무엇을 할 것인가에 대해 이야기할 수 있기 때문이다.

　다시 처음으로 돌아가 '선거'에서 가장 중요한 것은 결국 '표'이다. 유권자 한 사람의 한 표가 얼마나 귀하고 소중한지를 알아야 이길 수 있다.

　이 역시 예를 들어보자. 문학진 전 국회의원. 17대, 18대 선거에서 경기도 하남시에서 국회의원으로 당선되어 활동한 '재선 의원'이었다. 그런데 이 분의 별명이 '문세표'이다. 제16대 총선 경기도 광주 지역구 선거에서 개표 결과 박혁규 전 의원에게

2표를 진 것으로 나왔다. 대법원까지 가는 재검표 과정에서 최종적으로 3표를 진 것으로 확인되어 낙선이 확정되었다. 결국 문학진 전 의원의 별명은 '문세표'가 되었다. 당시 대법원 최종 결과가 확정된 이후 당선자인 박혁규 전 의원과 웃으면서 악수하는 사진이 각종 언론에 나왔지만, 아마도 그 후 숱한 나날 동안 불면의 밤을 보냈을 것이다. 단 3표의 차이가 모든 것을 갈라놓았던 것이다.

내가 새삼 이 이야기를 하는 것은 그만큼 '한 표'가 소중하다는 것이다.

나는 지금부터 그토록 중요하다고 강조한 '한 표'를 선거에서 어떻게 얻을 것인지에 대해 이야기하고자 한다. 그 소중한 '한 표'를 유권자로부터 얻기까지 왕도王道는 없지만, 그 길에 나름의 법칙과 방식이 있다고 생각하기에, 나의 부족한 경험과 식견이지만 그것을 나눠보고자 한다.

2. 선거는 유권자의 마음을 얻는 것이다

두 번째로 내가 '선거'에 대해서 이야기하고 싶은 것은 바로 '유권자'에 관한 것이다.

선거에서 결국 후보자를 당선시켜 주는 사람은 '참모'도, '선거운동원'도 아닌, '후보자'에게 소중한 '한 표'를 주는 '유권자'이다.

그런데 선거를 하면서 가장 어려운 것이 (말로는 쉽지만) '유권자'를 중심으로 생각한다는 것이다. 내가 접한 대부분의 후보자나 캠프의 참모들은 자신의 생각을 중심으로 선거판을 그리고 선거운동을 하려고 한다.

후보자의 경우 대부분 자신의 장점이나 약점, 선거 수행능력 등에 대해 자신의 관점에서 인식하고, 그에 따라 행동한다. 자신이 유권자들에게 어떻게 평가받고 있는지, 유권자들의 구체적인 요구는 무엇인지 크게 생각하지 않는 경우가 대부분이다.

그러다 보니 대부분의 후보자가 선거에서 범하기 쉬운 첫 번째 오류는 평상시에는 그렇게 '국민'을 이야기하고 '서민'을 외치지만, 선거만 들어가면 '나의 주장과 상황'만 있지 자신에게 '표'를 주고, 자신이 정치를 하는 이유라는 국민과 서민, 즉 '유권자 상황과 요구'는 등한시한다는 점이다.

<u>선거는 '내(후보자)'가 중심이 아니라, '유권자'가 중심이 되어야 한다.</u>

선거에서 가장 필요한 것 중 하나는 '유권자 중심주의'를 실현하는 것이다. 냉철하게 자신이 출마하는 지역구에서 유권자들의 상황과 요구가 무엇인지를 분석해야 한다. 그리고 후보자는 거기에 어떤 답을 줄 것인가를 준비하고, 유권자 한 사람,

한 사람을 자신의 편으로 만들어야 한다. 결국 선거는 유권자를 잘 알고 이해함으로써 유권자의 요구에 맞는 후보자의 자질(이미지)과 공약(이슈)을 개발하여 후보자 스스로 경쟁력을 갖추고 유권자들이 자신을 흔쾌히 선택할 수 있도록 만드는 것이다. 즉, 유권자를 후보자에게 끌어오는 것이 아니라, 후보자가 유권자에게 다가가는 것이다.

그렇다면 이러한 '유권자 중심주의'를 어떻게 실현할 것인가? 바로 내가 이 책을 쓰게 된 이유 중 하나이다. 앞으로는 바로 이 주제를 중심으로 서술할 것이다.

3. 선거에서 중요한 것은 '무엇'인가?

내가 선거 캠프에 결합해서 반드시 초기에 하는 일 중 하나는 선거에 대한 '교육'이다. 내가 나름대로 생각하는 '선거'에 대한 개념, 선거에서 '표'가 오는 법칙, 그리고 그 '표'를 얻기 위한 방식 등에 대해 일단 '교육'부터 시작한다.

그 이유는 내가 캠프의 성원들보다 선거에 대해 많이 알아서도 아니고, 선거에서 승률이 높아서도 아니다. 그것은 바로 '눈을 맞추기' 위해서이다.

이 책의 서두에서도 말했듯이 대한민국 국민들처럼 선거에 대해 관심도 많고, 할 말이 많은 사람들도 드물다. 선거 때가 되면 선술집에서, 호프집에서 많은 분들이 정치를 논하고, 선거를 이야기한다. 누구는 뭐가 이러니 저러니, 이 당은 이래서 절대 안 되니 하는 말들을 쉽게 접할 수 있다.

그러니 그 누군가를 당선시키기 위해 자신의 열정을 태우고 있는 선거 캠프의 성원들, 열성적인 자원봉사자들은 자신이 바라보는 '선거'에 대한 입장이 얼마나 뚜렷하겠는가. 하지만 그렇기 때문에 선거 초기부터 각자의 선거에 대한 관점, 즉 서로의 '눈'을 맞춰야 한다. 그러지 않으면 선거 중반에 서로의 관점에 따라, 자신의 업무에 따라 "지금은 무엇이 더 중요하다"로 싸우고 논쟁하는 경우가 다반사이다. 그런 캠프는 결코 이길 수 없다는 것을 알기에 나는 반드시 초기에 선거 '교육'을 하고, 서로의 선거에 대한 인식을 공유하는 것부터 시작한다.

내가 캠프 성원들에게 선거 교육을 하면서 제일 처음 묻는 것은 "본인이 생각할 때 선거에서 무엇이 중요합니까?"이다. 그러면 정말 여러 이야기가 나온다. 후보자, 조직, 공약, 홍보, 전략, 유세, 언론보도 등 각자 이야기하는 것이 타당성도 있고, 어느 하나 중요하지 않다고 할 수 없는 것들이다.

그런데 재미있는 것은 대부분이 '후보자'가 중요하다는 말에서는 일치한다. 문제는 그 이후이다. 사무장은 재정이 중요하다고 하고, 상황실장이나 조직팀장은 무조건 조직이라고 한다. 정책팀장은 공약과 정책을 이야기하고, 또 누구는 홍보를 이야기하기도 한다. 결국 각자의 역할에 따라 바라보는 '관점'이 다르다는 것이다.

이럴 때 나는 "선거는 3가지 요소와 '+α'로 결정된다"고 말한다. 물론 이것은 웬만한 선거 교과서에 나오는 말이기도 하지만, 내 경험에서 확인한 것이기도 하다. 선거의 3가지 요소는 바로 정당, 선거 구도, (지지자의) 투표율이다. 그리고 '+α'는 '선거 이슈'이다.

어떤 분은 "아니, 선거에서 중요한 것이 얼마나 많은데, 이렇게 단순하게 정리할 수 있느냐?"고 반문할 수도 있다. 그렇다. 맞는 말이다. 많은 자료를 모으고, 분석하고, 많은 공약을 준비하고, 다양한 지점에서 최선을 다해 준비해야 한다.

하지만 수많은 지점에서 최선의 준비를 다한다고 그것이 바로 '선거 승리'를 만들어 주지는 않는다. 어쩌면 오히려 갖고 있는 것을 버리고, 알고 있는 것을 잊고, 단순하게 생각하고 말하고 행동해야 선거에서 이길 수 있다. 선거를 통해 많은 것을 하려는 순간, 그 선거는 지는 길로 가는 것일 수도 있다. 그러지 않기 위해서는 '기본'에 충실한 것이 매우 중요하다.

4. 선거는 '정당'에 대한 투표이다

현재 한국 정치의 특징 중 하나는 바로 선거에서 '정당'의 비중이 높다는 것이다. 이 역시 지역 구도가 기본인 상황에 기인한 바가 크며, 또한 지역 출마 후보자들의 정책·공약의 차별성이 크지 않기 때문이다. 특히 개별 선거구 단위에서 '표심'을 가를 수 있는 이슈를 제시하기 쉽지 않기 때문에 더욱 그러하다.

하기에 선거 컨설턴트마다 약간의 비율은 다르지만, 현대 선거에서 정당의 중요성은 매우 크게 작용한다고 이구동성으로 이야기한다. 영향력 있는 선거 컨설턴트인『강한 것이 옳은 것을 이긴다』의 저자 박성민은 "현대 선거에서 정당 60%, 인물 30%, 캠페인 10%의 비중으로 당락이 결정된다"고 할 정도이다.

후보자에 대한 인물론, 전 정부에 대한 국민적 평가(소위 심판론) 등이 주요 이슈가 되는 대통령 선거를 제외하고, 국회의원 선거나 지방선거의 경우 주로 정당의 찬반선거로 진행된다고 볼 수 있다. 정치색이 덜할 것 같은 지방선거도 광역단체장 후보자를 중심으로 기초단체장, 광역의원, 기초의원까지 줄줄이 같은 당을 찍는 비율이 80%에 육박한다. 그만큼 선거에서 '정당'이 중요한 역할을 하는 것이다.

이를 '1자형 투표' 또는 '옷자락 효과'Coattail Effect라고 부른다.

해석 그대로 코트 옷자락의 끝을 잡고 줄줄이 간다는 것인데, 미국에서 통상 대선과 의회 선거가 함께 실시되면 유권자들이 투표용지 맨 위에 적힌 대통령 후보자를 선택한 뒤 상·하원 의원도 같은 당 후보자를 고르는 현상을 말한다.

최근의 예를 들어보자. 2016년 미국 대선에서 미국 공화당 주지사와 상·하원 의원 중 4분의 1이 도널드 트럼프 공화당 대선후보자에 대한 지지를 거부했다. 2016년 10월 11일 『USA 투데이』에 따르면 트럼프 지지를 거부한 공화당 출신 주지사, 상·하원 의원이 26%에 달했다. 이는 트럼프의 각종 스캔들이 나온 후 '옷자락 효과'를 두려워한 공화당원들이 연이어 지지를 철회하고 선 긋기에 나선 것이다.

또한 <u>선거에서의 정당 효과는 '바람'이라는 것으로 드러난다.</u> 2016년 총선은 '국민의당' 바람이 크게 작동한 선거였다. 실제 선거에서 국민의당은 지역구에서 광주광역시를 싹쓸이, 호남에서 거의 대부분의 의석을 확보하며 서울 2석을 포함한 지역구 25석을 확보하였으며, 정당 득표율(비례대표)에서 더불어민주당을 앞서는 결과로(새누리당 33.6%, 국민의당 26.7%, 더불어민주당 25.5%) 일약 제3당으로 등극했다. 그야말로 국민의당 '바람'이 분 선거라고 할 수 있다.

이에 대해서는 정당과 후보자를 다르게 선택하는 교차 투표가 많았기 때문이라는 분석이 가장 일반적이다. 새누리당에 실망했지만 더불어민주당을 찍기 싫은 유권자들이 대거 정당투표에서 국민의당을 찍었고, 반대로 수도권에서 지역구는 더불어민주당 후보자를, 정당투표는 국민의당을 선택한 유권자들이 많았다고 볼 수 있다.

따라서 아무리 후보자의 자질이 뛰어나고 전략이 훌륭해도, 후보자가 속한 정당의 지지가 낮으면 당선 가능성은 현저히 떨어질 수밖에 없다. 그렇기 때문에 선거에 출마하고자 하는 후보자들의 대부분은 유력 정당의 '공천'에 사활을 거는 것이다.

이와 관련하여 후보자의 '정당 공천' 방법 및 전략에 대해서는 뒤에서 이야기하겠다.

5. 선거는 '구도'이다

선거에서 '구도'는 상대방과 우리를 가르는 일종의 '전선'이다. 구도가 어떻게 형성되느냐에 따라 우리 지지자를 결집시키거나, 상대방의 지지자를 분열시키기 때문에 선거에서 가장 중요한 변수 중 하나이다.

혹시 여러분은 '선거 구도' 하면 무엇이 생각나는가?

최근에 치러진 20대 총선거와 19대 대통령 선거는 '박근혜 vs 반反박근혜' 구도로 치러진 선거였다. 또한 1장에서 언급한 교육감 선거에서 '전교조 vs 반反전교조' 구도 역시 예로 들 수 있다. 또한 1997년 15대 대통령 선거에서 이인제 후보가 경선 불복 후 독자 출마하여 여권 표가 분열하면서 당시 김대중 후보자가 약 39만 표 차이로 신승한 예, 2002년 이회창—노무현—정몽준의 1강 2중 구도에서 노무현과 정몽준의 단일화로 막판 역전의 기틀을 마련한 후보자 구도 등을 예로 들 수 있다.

이렇듯 '<u>구도</u>'는 선거의 성격을 규정하며 선거의 지형, 즉 <u>전투 환경을 송두리째 변화시키는 것으로, 선거에서 가장 중요한 요소이다.</u> 그런데 이러한 '선거 구도'는 결국 '언어'로 표현되고 유권자들의 머릿속에 각인된다. 이를 '<u>프레임</u>'frame이라고 한다. '프레임'은 미국의 언어학자 조지 레이코프의 저서 『코끼리는 생각하지 마』에서 제시된 개념이다. 선거와 관련된 핵심 내용을 인용해 보자.

프레임이란 우리가 세상을 바라보는 방식을 형성하는 정신적 구조물이다. 프레임은 우리가 추구하는 목적, 우리가 짜는 계획, 우리가 행동하는 방식, 그리고 우리 행동의 좋고 나쁜 결과를 결정한다. 정치에서 프레임은 사회 정책과 그 정책을 수행하고자 수립하는 제도를 형성한다. 프레임을 바꾸는 것은 이 모두를 바꾸는 것이다. 그러므로 프레임을 재구성하는 것이 바로 사회적 변화이다. (…)

프레임을 재구성한다는 것은 대중이 세상을 보는 방식을 바꾸는 것이다. 그것은 상식으로 통용되는 것을 바꾸는 것이다. 프레임은 언어로 작동되기 때문에, 새로운 프레임을 위해서는 새로운 언어가 요구된다. 다르게 생각하려면 우선 다르게 말해야 한다.

이렇듯 선거에서 '구도'는 규정된 '언어'를 통해 '구조물'처럼 유권자에게 다가온다. 이러한 프레임은 각 정당 또는 후보자가 제시하기도 하고, 언론을 통해 형성되기도 한다.

이 역시 예를 들어보자. 내 생각에 이러한 '구도 싸움'을 가장 잘한 정치인은 고故 노무현 대통령이다. 16대 대통령 선거에서 당시 노무현 후보가 제시한 구도는 '새로움 vs 낡음'이었다.

이미 자신은 국회의원과 장관을 지냈으며, 여러 차례 선거에 출마했던 '오래된' 정치인이었다. 당시 상대 후보였던 이회창 후보자는 비록 5년 전 대선에서 패배하긴 했지만, 정치 경험으로는 노무현 후보에 비해 '더 새로운' 후보자였다. 하지만 정치를 오래 한 자신을 '새롭다'고 규정했고, 이회창 후보는 아들 병역문제, 한나라당의 부패 이미지 등을 묶어 '낡았다'고 규정한 것이다. 이 프레임은 끝까지 이회창 후보를 괴롭혔으며, 결국 승리는 노무현 후보의 것이었다.

또한 '후보 구도'에서는 정몽준과의 단일화를 승부수로 던졌으며, '지역 구도'에서도 '신행정 수도 이전' 이슈를 통해 이회창 후보의 호남 포위 전략을 뚫고 충청권에서 승리함으로써 대선에서 승리할 수 있었다.

또 다른 예를 들어보자. 2011년 4·27 강원도지사 보궐선거는 한나라당 엄기영 후보와 민주당 최문순 후보의 싸움이었다. 당시 이광재 강원도지사가 대법원에서 원심의 징역형에 대해 확정 판결을 받아 지사직을 최종적으로 상실하게 되면서 치러진 선거였다.

엄기영 후보와 최문순 후보는 둘 다 MBC 사장 출신이라는 공통점이 있었다. 엄기영 후보는 대중적 인지도가 높은 MBC 뉴스 최장수 앵커 출신이었고, 최문순 후보는 MBC 노조 위원장 출신이었다. 선거 초기 최문순 후보는 비례대표이긴 했지만 현직 국회의원이었음에도 인지도와 지지도에서 엄기영 후보에게 한참 뒤지고 있었다.

이때 최문순 후보가 제시한 것이 '촌놈' 최문순이었다. 선거 구도를 '귀족 엄기영 vs 촌놈 최문순'으로 설정한 것이다. 수려한 외모에 능숙한 언변, 높은 인지도의 엄기영 후보를 '귀족'이라고 규정하고, 자신의 약점인 촌스러운 외모, 낮은 인지도 등을 '촌놈'이라고 칭하며 유권자와의 거리를 좁히면서 자신의 약점을 강점으로 변화시켰다. 결과는 독자들이 아시다시피 최문순 후보의 드라마틱한 역전승이었다.

이렇듯 아무리 정당 지지율이 낮고, 텃밭이 불리해도 선거 구도를 잘 짜서 자신에게 유리하게 이끌면 이길 수 있다. 또한 당선이 거의 불가능한 지역에서 승리한 경우를 보면, 예외 없이 유력 정당 후보자의 표가 분산되어 후보자 구도가 바뀐 것을 알 수 있다.

그래서 후보자와 캠프는 자신들이 만들 구도를 미리 설정하고, '선방'을 치면서 유리한 구도를 형성해야 한다. 자신이 설정한 구도에 상대방이 끌려오게 해야지 상대방의 구도에 끌려 들어가면 선거는 초반부터 지고 들어가는 것임을 명심하자.

6. 선거는 (지지자의) '투표율'이다

선거의 중요한 변수 중 하나는 바로 '투표율'이다. 일반적으로 투표율이 높으면 민주당류가 유리하고, 투표율이 낮으면 새누리당(현 자유한국당)류가 유리하다고들 한다. 아무래도 50, 60대 이상은 꾸준히 투표를 하는 상황에서 20, 30대가 투표에 많이 참여해서 투표율이 높아지면, '개혁' 성향의 민주당류에게 유리하다는 판단 때문이다. 과거에는 비가 오면 투표율이 높아져 민주당류에게 유리하다는 말도 있었다. 이는 비가 오면 20, 30대들이 투표일에 놀러 가지 못하니까, 투표율이 높아져서 역시 민주당류에게 유리하다는 말이다.

하지만 현재는 이러한 변수가 결정적인 요인으로 작용하지는 않을 것이다. 이미 '사전투표제'가 정착되면서 이번 19대 대선만 해도 사전투표율이 26%를 넘어섰다. 또한 박근혜 탄핵 정국에서 '촛불'의 영향으로 젊은 세대의 정치 참여의식이 매우 높아졌기에 더욱 그러하다.

내가 여기서 강조하는 것은 단순 투표율이 아니라, 바로 지지자 또는 지지 성향 유권자의 투표율이다. 결국 <u>선거의 당락은 나(후보자)의 지지자 또는 지지 성향 유권자들을 얼마나 투표장에 오게 할 수 있는가에서 결정된다.</u>

이 역시 예를 들어보자. 독자들은 2011년에 실시된 서울시장 보궐선거를 기억할 것이다. 시민운동가로는 명성이 있었지만 정치인으로는 인지도도 부족하고, 검증되지도 않은 박원순 후보가 어떻게 집권여당의 유력 정치인이었던 나경원 후보를 이길 수 있었을까.

그것은 바로 선거운동 과정에서 서울 시민들에게 박원순을 선택해야 할 명확한 이유를 줬기 때문이다. 당시 선거 전인 10월 15일자 『한겨레』에 따르면 여론조사기관 한백리서치가 서울 시민 1,128명을 대상으로 여론조사를 벌인 결과 나경원 후보 45.5%, 박원순 후보 44.2%의 지지율로 나경원 후보자가 오차범위 내에서 앞서는 것으로 나타났다. 다른 여론조사에서도 누가 이길지 모르는 혼전 양상이었다. 이런 상황에서 투표율이 30% 내외로 낮은 보궐선거의 특성을 볼 때 여론조사에서 박원순 후보가 이기는 것으로 나타날지라도 실제 투표에서는 나경원 후보가 이길 수도 있다는 것이 선거 전문가들의 조심스런 예상이었다.

하지만 결과는 일반적인 예상을 벗어났다. 투표율 48.6%, 박원순 후보 53.4%, 나경원 후보 46.2%. 결국 7.2% 차이로 박원순 후보가 이겼다. 특히 보궐선거라서 투표일이 법정공휴일이 아니었고, 지금처럼 사전투표제가 도입되기 전이었는데도 투표율이 매우 높았다. 그것은 바로 30, 40대 잠재적 야권 지지층이 대거 투표에 참여했기 때문이다. 당시 투표일 오후 4시부터 6시까지 2시간 동안 투표율이 겨우 5.2% 올랐으나, 6시부터 8시까지 젊은 직장인들 중심으로 대거 투표장에 몰리면서 2시간 동안 8.7%나 상승했다. 투표 마감 직전까지 투표장에 줄을 서서 투표하는 기현상이 벌어진 것이다.

바로 박원순을 당선시키기 위해 유권자들이 움직인 것이다. 그렇다면 박원순 선거운동의 어떤 면이 유권자들이 투표장에 올 수 있도록 했을까. 필자는 그 원인을 3가지로 이야기할 수 있다고 생각한다.

우선 구도에서 '박원순 vs 나경원'이 아니라, '박원순 vs 이명박'의 싸움으로 선거운동을 전개했다. 즉, 서울시장 보궐선거는 '박원순과 나경원 중 누가 더 서울시장으로 잘할 것 같은가'가 아니라, '이명박 정부 4년의 실정을 심판하는 선거'라는 것을 대중적으로 명확히 했던 것이다.

또한 이명박 정부를 심판할 '범야권단일후보자'로 박원순 후보자를 포지셔닝한 것이다. 독자들도 잘 알다시피 당시 지지율 5% 내외의 박원순 후보자는 지지율 50%의 안철수의 파격적인 양보를 이끌어 낸다. 또한 민주당 박영선, 민주노동당 최규엽과의 야권단일화 경선을 통해 야권단일후보자로 선출된다. 이후 민주당-진보정당-범시민노동계를 아우르는 공동선거대책위원회를 구성해서 반反이명박 전선을 굳건히 구축한다.

그리고 오세훈 전 서울시장의 '보여주기식' 행정과 다른, '사람 중심, 시민 중심의 서울', '무상급식 전면 실시' 등을 테마로 한 주요 공약을 통해 새로운 서울에 대한 기대감을 높였다. 이는 박원순 후보자의 선거대책위원회 이름이 '새로운 서울을 위한 희망캠프'였던 것에도 드러난다.

박원순 후보자가 야권단일화 경선에서 승리한 직후 밝힌 발언을 인용해 보자.

통합과 변화는 2011년 서울의 시대정신입니다. 이제까지 서울시장의 일은 도시의 외관을 바꾸는 것이었지만, 제가 만난 시민들의 공통된 요구는 내 삶을 바꿔 달라는 것이었습니다. 앞으로 서울시정 10년은 사람을 위해 도시를 바꾸는 10년이 될 것입니다. (…) 시민 여러분 준비되셨습니까? 이명박 대통령과 오세훈 전 시장의 서울 실정

10년을 끝낼 준비가 되셨습니까? 저는 이제 우리가 한나라당을 이길 수 있다는 확신이 생겼습니다. 한나라당과 이명박 정부를 넘어 새로운 시대를 열 수 있다는 믿음을 갖게 되었습니다.

위 발언에서 알 수 있듯이 박원순은 왜 자신을 지지해야 하는지, 자신의 지지 가능 유권자들에게 왜 투표장에 가야 하는지를 명확히 했던 것이다.

다시 반복하여 강조한다. 선거운동의 80%는 후보자 자신에게 우호적인 유권자를 향한 것이어야 한다. 자신에 대한 지지 성향의 유권자를 투표장으로 불러내지 못하면서, 부동층이 자신에게 투표할 것이라는 헛된 믿음을 가지는 것은 어리석은 일이다. <u>선거는 지지자를 누가 더 많이 투표장으로 나오게 하느냐의 게임이다. 우리 지지자들이 '반드시' 투표장에 나올 수 있는 이유를 줘야 하고, 지지 성향의 유권자들을 공략할 계획을 치밀하게 수립해야 한다.</u>

7. 선거는 이슈이다

선거를 하다 보면 많은 후보자와 캠프에서 가장 크게 오해하는 것 중 하나는 정책공약이 선거에서 큰 도움이 된다고 생각하는 것이다. 물론 정책공약은 중요하다. 하지만, 당선과 관련되어 결정적인 요소로 작용하는 것은 아니다.

　대부분의 캠프는 선거를 준비하는 과정에서 어떤 정책과 공약을 낼 것인가를 놓고 치열하게 토론한다. 그러다 보면 이것저것 각 분야에 대해 모든 것을 다 정리하게 된다. 물론 여기까지는 문제가 아니다. 후보자로서, 캠프로서는 당연한 과정이다.

　문제는 이렇게 생산된 정책공약을 선거 홍보물에 다 담으려 한다는 것이다. 또한 나아가 실제 선거운동에서도 후보자는 모든 정책공약을 다 설명하고 다니기 바쁘다. 결국 포장은 그럴듯하고 이것저것 많이 들어있기는 하나, 먹을 것은 별로 없는 '종합선물세트'가 되고 만다. 내 경험에 따르면 선거 홍보물을 만드는 과정에서 대부분의 후보자는 "이것도 넣어라, 저것도 넣어라" 하고 주문한다. 그럴 때면 나는 단호하게 대답한다. "죄송하지만 안 됩니다"라고.

　그렇게 말하는 이유는 선거는 정책공약으로 승부가 결정되지 않기 때문이다. 실제 유권자들이 투표장에 갈 때에는 한 개 또는 두 개의 이슈를 기억하고, 그 이슈에 대한 찬반투표를 하러 가는 것이다. 16대 대선에서 노무현 대통령 후보자는 '신행정 수도 이전'이라는 이슈로 충청권의 표심을 획득했으며, 17대 이명박 대통령 후보자는 '한반도 대운하' 이슈로 선거운동을 이끌어 나갔다. 이렇듯 선거 승리를 위한 중요한 요소 중 하나가

'이슈'이다. 하기에 선거에서 중요한 것은 정책이든 정치적 사안이든 우리가 어떠한 이슈를 먼저 제기하고, 선거를 자기 중심으로 끌고 가는 것이다.

정책공약은 열심히 만드는 것이 당연하다. 하지만 모든 정책공약을 선거운동 과정에서 풀어내려고 하지 말자. 열심히 준비한 정책공약은 홈페이지, 블로그 등에 게시하고 각종 이익집단, 시민단체, 언론 등에서 질의서가 오면 필요에 따라 꺼내 쓰면 된다. 중요한 것은 어떤 이슈를 통해 선거를 승리로 이끌 것인가를 치열하게 토론하고 고민하는 것이다.

'이슈 전략 수립'에 대해서는 뒤에 자세히 이야기하겠다.

3

선거 승리의 기본 원칙

이기는 선거는
반드시 이유가 있다

1. 선거 승리를 위한 첫걸음
— 알아야 찍고, 좋아야 찍고, 찍어야 찍는다

내가 선거에 대해 강의를 할 때마다 지겨울 정도로 강조하는 것이 바로 득표의 3단계이다. 알아야 찍는다(인지도). 좋아야 찍는다(호감도). 찍어야 찍는다(지지도).

선거에서 유권자는 알지 못하는 후보에게 투표하지 않는다. 물론 지역적으로 '묻지마 투표'가 존재하기는 하지만, 그들 역시 인지도, 호감도를 최대한 높여서 당내경선이라는 예선을 통과한 사람들이다. 오죽했으면 "정치인은 자신의 부고_{計告} 기사만 아니면 뭐든지 언론에 나와야 한다"는 말까지 있을까.

선거 전에 후보자의 인지도가 50%는 넘어야 당선권에 들 수 있다. 물론 높은 인지도가 반드시 당선을 보장하지는 않지만 인지도가 낮은 후보자가 당선되는 예는 많지 않다. 그 이유는 밴드왜건 효과(당선 가능성이 높은 후보에게 표를 주는 유권자의 심리행태)에 있다고 볼 수 있다. 알려지지 않은 사람은 당선 가능성이

선거에서 표가 오는 3단계

| 알아야 찍고 | ➡ | 인지도 |

| 좋아야 찍고 | ➡ | 호감도 |

| 찍어야 찍는다 | ➡ | 지지도 |

낮다고 생각하는 것이다. 따라서 인지도가 낮은 후보자는 인지도를 높일 방안을 적극적으로 강구해야 한다. 존재감 없이는 좋은 결과를 기대할 수 없다.

또한 현대 선거에는 단순 인지도보다 좋은 인지도, 즉 호감도의 중요성이 높아지고 있다. 어처구니없지만, 과거 운동장 유세가 있던 시절에는 후보자가 목발을 짚고 나타나는 일이 심심치 않게 있었다. 자신이 상대 후보로부터 테러를 당했다는 것이다. 어떤 경우에는 유세 도중 달걀세례를 받는 자작극을 벌이기도 한다. 그렇게 해서라도 인지도를 높이는 것이 도움이 된다고 보았다. 하지만, 요즘 선거에서는 무조건적인 인지도 상승만으로는 이길 수 없다. 인지도 상승은 호감도와 같이 갈 때 유의미한 것이다.

이런 이유로 내가 선거 컨설팅 과정에서 진행하는 여론조사에는 다음의 항목이 반드시 들어간다.

선생님께서는 ○○○을 역임하고, 현 ◇◇◇인 홍길동 씨에 대해서 얼마나 알고 계십니까?

알고 있고 호감이 가면 ①번

알고 있지만 호감이 가지 않으면 ②번

알지 못하지만 호감이 가면 ③번

알지도 못하고 호감도 가지 않으면 ④번을 눌러 주십시오.

①번이 인지호감, ②번이 인지비호감, ③번이 비인지호감, ④번이 비인지비호감이다. ①번과 ②번 응답을 합한 것이 인지도이며, ①번과 ③번 응답을 합한 것이 호감도이다. 나는 위 항목들로 인지도 내 호감/비호감 비율, 비인지 내 호감/비호감 비율 등의 변화를 지속적인 여론조사를 통해 비교, 분석한다.

해당 선거구의 지역별, 성/연령별, 이슈 반응도별, 정당 지지층별 인지도, 호감도, 지지도를 비교·분석해 보면 선거운동을 어디에 집중해야 할지, 어떤 이슈를 내세워야 할지가 보인다.

물론 아무리 인지·호감도가 좋아도 지지자를 제대로 확보하지 않으면 이기기 어렵다. 선거운동 과정에서 후보자들은 수많은 사람들로부터 '지지한다', '찍어준다'는 말을 듣는다. 후보자는 자신감에 넘치고, 구름 위를 떠다니는 기분에 휩싸인다. 하지만 실제 결과는 예상과 다를 때가 많다. 결국 가장 중요한 것은 투표장에서 나를 찍어줄 지지자를 구체적으로 확보하고, 조직하는 것임을 잊어서는 안 된다.

(1) 인지도 상승을 위한 방법

일반적으로 대통령 선거나 광역단체장 정도의 선거에서는 지지율과 상관없이 이미 상당히 인지도가 있는 후보들이 출마한다. 유력 정당의 후보들이라면 더욱 그러하다. 이들에게는 인지도 향상이 그다지 중요하지 않을 수 있다.

하지만 국회의원 또는 기초단체장에 출마하려는 정치 신인이나, 도시의 광역/기초 의원 선거의 경우 현역 의원이라도 실제 여론조사를 해보면 인지도가 별로 높지 않은 것이 현실이다. 대개는 선거에 처음 출마하는 정치 신인의 경우 인지도가 초반에는 15% 내외에서 형성된다. 그것도 유권자의 관심이 높은 국회의원 선거 정도가 그러하다. 그 외에는 10% 미만인 경우도 허다하다.

그러다가 선거가 거의 막판에 다다르면 후보의 인지도는 50% 내외로 상승한다. 이럴 경우 대부분의 후보들은 '아, 며칠만 더 있었으면……' 하는 생각을 하게 된다. 막판에 후회하지 말고 미리 인지도 상승을 위해 최선을 다해야 한다.

대표적인 인지도 향상 방법은 어떤 것이 있을까.

후보자가 자신을 알리는 방법은 유세나 인적 접촉 같은 직접적 방법과, 매체를 통한 간접적 방법이 있다. 추세로 볼 때 인적 접촉에 의한 선거운동 방법에서 매체를 통한 접촉으로 비중이 옮겨가고 있지만, 두 방법을 통합적으로 실행해야만 효과적으로 유권자와 접촉할 수 있고 인지도를 높일 수 있다.

우선 가장 기본적인 것은 발로 뛰는 것이다. 열심히 돌아다니고, 열심히 만나는 것만큼 선거에서 정도正道는 없다. 그러나 계획 없이 무작정 열심히 돌아다녀서는 안 된다. 어디에서 누구

어떻게 인지도를 올릴 것인가?

우선, 발로 뛰어야 한다

많이 만나고, 부지런히 나를 알려야 한다 (명함 배포 등)

핵심 지지층을 형성하고, 입소문을 만들어야 한다

가능한 모든 수단을 동원해야 한다

ARS 여론조사, 인터넷 공간을 통한 확산, SNS 적극 활용를 만날 것인가를 과학적으로 분석하고, 계획을 수립해야 한다.

매체 접촉에 대한 정보, 생활양식에 대한 정보, 행동반경이나 주요 행선지에 대한 파악 등 유권자의 라이프 스타일을 종합적으로 분석해서 인지도를 높이기 위한 가장 적절한 전략을 수립해야 한다. 전철이나 마을버스 타는 곳, 출퇴근 경로 및 일상적인 이동 경로, 사람들이 많이 모이는 곳(시간대별로 많이 모이는 곳, 종교행사별로 많이 모이는 곳, 이벤트 등이 많이 벌어지는 곳) 등을 사전에 파악해서 후보자가 움직일 수 있도록 해야 한다.

지역에서 소문의 진원지가 되는 사람, 지역 유지 등 영향력 있는 사람을 만나서 후보를 알리는 것도 중요하다. 이는 단지 그 사람에게 후보를 알리는 것을 넘어서 그 사람을 통해 간접적으로 후보자의 인지도를 높이고 홍보하는 효과가 있음을 명심해야 한다. 즉, 지역에서 주민자치위원이나 통장, 부녀회장을 만나는 것은 무엇보다도 그들의 관계망을 통해서 후보를 알릴 수 있는 기회가 된다.

ARS 여론조사 활용은 인지도 향상에 가장 효율적인 방법이다. 한 번에 몇 %씩 인지도가 올라간다는 공식도 있다. ARS 여론조사는 우선 여론조사 과정에서 자연스럽게 응답자들에게 후보의 이름과 경력을 알릴 수 있고, 응답자들 중에 '정치 관심층'이 많다는 점에서 "이번에 여기에서는 ○○당의 홍길동이 나온다더라"는 입소문을 낼 수도 있다.

ARS 여론조사는 이 외에도 매우 다양하게 활용할 수 있다. 인지도를 높이는 데뿐만 아니라 후보의 콘셉트를 만들거나 이슈를 전달하는 데에도 활용할 수 있다. 또한 지역별로 현안에 대한 입장, 후보자(상대 당과 후보자도 포함)에 대한 인지도, 호감도, 지지도를 확인하고 우호적인 유권자와 적대적인 유권자를 판별할 수 있기 때문에 앞으로 효과적인 선거운동 전략을 짜는 데 도움을 받을 수 있다.

인터넷(SNS)을 이용한 선거운동 역시 최근에는 인지도 향상에 중요한 역할을 한다. 출마를 준비하는 후보는 지금이라도 페이스북이든, 인스타그램이든 무조건 시작해야 한다. 그 속에서 자신이 출마한 지역구의 유권자를 찾아내야 한다. SNS는 다양하고 많은 유권자와 접촉할 수 있고, 직접 만나기 어려운 유권자들에게 자신의 정책공약과 메시지를 전달하는 통로가 될 수 있다.

지역언론을 통해서도 인지도를 높이고 비중 있는 인물로 부각될 수 있다. 지역의 현안이나 소속 정당이 추진하는 사업을 할 때 기자회견이나 이슈 브리핑 등을 통해서 언론에 자주 노출될 수 있도록 해야 한다.

또한 각종 정치·정책 현안 관련 서명운동 현장에서 유권자와 직접 접촉할 수 있다. 소속 정당의 주요 이슈나 지역에서 발생한 현안에 대하여 주민들의 의견을 듣고, 모아내고, 목표한 바를 이루는 활동은 잘 할 수만 있다면 선거운동으로서 가장 훌륭한 방법이라고 할 수 있다. 여기서 잊지 말아야 할 것은 왜 우리가 이렇게 다양한 활동을 하느냐는 점이다. 정치·정책 이슈에 대해 일상적으로 서명운동을 하는 것은 단순히 자신의 이름 석 자 알리는 데 그치는 것이 아니라, 이러한 활동을 통해서 핵심 지지자와 지지 가능 유권자를 찾아내고, 그들에게 역할을 주어서 선거운동에 적극적으로 나서도록 하기 위해서이다.

마지막으로 일상적인 유권자와의 만남을 통한 인지도 상승이 있다. 후보자는 꼭 이슈와 정책, 전화 홍보로만 유권자를 만나는 것이 아니다. 오히려 가장 중요한 것은 일상적으로 만날 수 있는 기회를 무수히 만드는 것이다. 출마할 생각이 있다면 지금부터라도 일상생활 속에서 만나는 주민들에게 무엇을 보여주고 어떤 관계를 만들어 갈지 생각해 보아야 한다. 출마할 생각이 있다면 슈퍼에 가서 물건을 하나 사더라도 물건을 사기만 하지는 않을 것이다. 이런저런 수다도 떨면서 요즘 동네에 무슨 일이 있는지 물어도 보면서 안면도 넓히고 지역에 관심이 있다는 것을 보여주어야 한다.

기억하자! 후보자의 행동 하나 하나가 정치적 행위가 되어야 한다!

(2) 호감도 상승을 위한 방법

앞서 말했듯이 최근 선거에서는 '단순' 인지도보다 '좋은' 인지도, 즉 호감도의 중요성이 매우 커지고 있다. 문제는 어떻게 호감도를 올리느냐이다.

내가 2016년에 컨설팅을 했던 후보자 A의 예를 들어보자.

A후보자는 당시 전문직 출신의 정치 신인이었고, 나름 자신의 고향인 출마 지역구에서 기반을 가지고 있다고 생각하고 있었다. 하지만 2015년 7월 1차 여론조사 결과 후보자의 인지도는 17.4%였고, 인지호감도(알고 있고, 호감이 간다)는 불과 4.1%였다. 인지도가 낮은 것도 문제였지만, 인지층 내 비호감 비율이 77%나 되었다. 뜻밖의 결과에 후보자는 매우 당황했다. 당시 필자가 컨설팅 과정에서 내놓은 해법을 그대로 옮겨보자.

인지도 상승 전략이 단지 '이름 석 자'를 알리는 것에 국한되어서는 안 됨. 핵심 지지 가능층과의 접촉 강화와 적극적 대중활동을 통해 우리 후보의 '인지도', '호감도'를 동시에 상승시키기 위한 계획이 수립되어야 함.

— 이를 위하여

(1) 일단 후보가 발로 뛰어야 함. 지역 유권자와 적극적인 접촉, 명함 배포, 명단 확보 작업이 동시에 이루어져야 함. 이를 위한 후보의

전략적 지역 순회 계획이 수립되어야 함.

(2) 지역에서 영향력 있는 사람을 만나서 후보를 알리는 것을 넘어서 그 사람을 통해 간접적으로 입소문을 통해 후보의 인지도를 높여야 함. 이를 위해 만나야 할 사람들의 명부 정리와 일정 계획이 수립되어야 함.

(3) 지역 유권자 명부 작성 및 일상적인 문자, 카톡을 통한 홍보가 진행되어야 함.

(4) 기타 SNS, 블로그 등을 통해 젊은 세대에 접근하고 인지도를 높이는 것 등이 진행되어야 함.

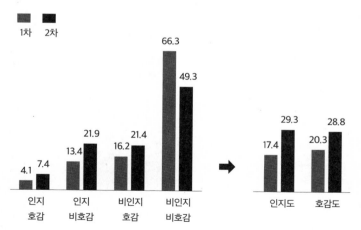

A 후보자 여론조사 (%)

위 해법에 따라 구체적인 계획을 수립하고 한 달간 열심히 뛴 결과, 2차 여론조사에서는 인지도가 11.9%, 호감도는 8.5% 상승했다.

하지만 문제는 남아 있었다. 인지도는 상승했지만, 인지층 내 비호감 비율이 75%였다. 비인지호감도(알지 못하지만 후보자의 약력을 들으니 호감이 간다)가 5.2% 상승하여 후보의 인지도를 높이면 호감도 역시 상승할 가능성이 있다고 보였지만, '단순'인지도의 상승보다는 호감도 상승이 더 중요하다고 판단했다. 이에 따라 두 번째 지침을 제시하였다.

2차 여론조사에서 인지도는 상승했으나, 좋은 인지도(호감도)의 경우 유의미한 상승세가 거의 없음. 이는 현재 우리의 활동이 후보의 정체성과 비전을 제시하기보다, 단지 '이름 석 자' 알리는 수준이었음을 증명함. 따라서 향후 우리의 계획은,

(1) 지지 가능층 유권자들과 후보의 정치적 비전 및 정체성을 공유해야 함.

(2) 후보자의 출마 이유, 국회의원의 역할에 대한 생각, 정치철학, 정당 판단 등을 정리하고, 적극적인 대안 제시형 스킨십이 필요함.

(3) 지역별 주요 인사와 직접적 접촉 진행.

(4) 유권자와 직접 접촉 이벤트(다양한 비공개 좌담회, 정책 설문 활동 등) 조직화, 진행.

(5) 일반 유권자 대상 문자 메시지 발송 지속(유권자 명부 확보 확대
필요).

그 결과 2015년 12월 여론조사에서 (여전히 부족하지만) 인지
도는 44.9%, 호감도는 33.1%로 올라갔다. 인지도, 호감도를 높
이는 일은 결코 쉽지 않다. 만약 출마를 준비한다면 지금 당장
이라도 자신의 인지도, 호감도 조사를 진행하고 본격적인 활동
을 시작해야 한다. "일찍 일어난 새가 벌레를 잡는다"는 말을 잊
지 말자.

그렇다면 후보자의 호감도를 높이기 위한 방법은 어떠한 것
이 있을까.

간략하게 정리해 보면 ① 후보자가 살아온 길, 정치적 성과
등을 초반에 부각하는 것, ② 유력 정치인, 연예인, 대중적 인지
도가 있는 인물과 후보자를 함께 부각하는 스타마케팅, ③ 핵심
이슈를 통한 정치적 대중운동 과정에서 후보자의 호감도를 높
이는 방법 등이 있다.

첫 번째와 두 번째 방법은 대부분의 후보들이 채택한다. 나
는 세 번째 방법을 주되게 제안하려 한다.

실전에서 후보자의 선거 준비 정도는 유권자 명부(지역 / 성명
/ 휴대전화 번호 / 각종 정보 / 지지 성향 등) 확보 수준과 비례한다.
선거공고 전까지 후보자는 최소한 자신이 얻어야 할 표의 두 배

어떻게 호감도를 올릴 것인가?

호감도, 즉 좋은 인지도는 인지도 향상과 함께해야 한다

후보자의 살아온 길, 주요 경력을 초기에 부각한다

필요하면 스타 마케팅을 활용하라

핵심 이슈, 정책을 한두 가지라도 반드시 제시해야 한다

정책 이슈 캠페인 사업을 통해 관련 대중과 접촉해야 한다

이상의 명부를 확보해야 한다. 그중에서 지지 가능 명부를 다시 작성하고, 후보자가 전화를 하거나 직접 만나서 확고한 지지자를 우선 확보해야 한다. 이 명부는 선거운동에서 지역별 조직을 꾸리고 운영하는 데 기본 자료로 활용한다.

모든 선거 전략과 득표 목표는 유권자 명부로부터 나오고, 선거 후 감사 인사도 명부가 있어야 가능하다. 후보자와 운동원은 늘 유권자 명부를 보고 이를 표로 연결시킬 방법을 연구하고 지역 활동 상황을 점검해야 한다. 명부는 선거운동의 기본 지표이자 지역 선거 활동의 도구이고 선거운동의 결과물이기도 하다.

문제는 이러한 명부를 어떻게 확보하고, 후보자의 인지도-호감도-지지도 상승과 연결시킬 것인가 하는 것이다. 예를 들어보자.

A후보는 2010년 지방선거에서 낙선했다. 처음 출마했고, 소속 정당의 당세 역시 크지 않은 상황이었다. 거대 정당 후보들의 틈새에서 나름 열성적인 선거운동으로 지지 기반을 형성했으나, 결과는 안타깝게도 낙선이었다. 선거 후 내가 A후보에게 제안한 것은 앞으로 4년 동안 지역 활동을 하면서 최대한 많은 유권자 명부와 지지 가능 명부를 모으라는 것이었다. 특히 소속 정당의 정체성에 맞는 이슈를 잡아서 유권자와 직접 접촉 범위를 넓혀야 한다고 조언했다.

A후보는 2014년 지방선거 전에 지역 시민사회단체들과 함께 '방사능 안전 급식 조례제정 운동'을 진행했고, 그 과정에서 개인 인지도와 호감도가 상승하였다. 조례제정 운동에 참여해 준 지역 주민들의 명부를 작성해서 감사 문자도 보내고, 적극적으로 참여해 준 분들에게는 직접 전화하거나 만나기도 하면서 '단순' 인지도가 아니라 호감도가 높아졌다. 그 결과 2014년 지방선거에서 군소 정당의 후보였지만 당선될 수 있었다.

　현대 선거에서 지지도와 바로 연결되는 호감도는 쉽게 상승하지 않는다. <u>끊임없이 일을 만들어 내고, 이슈를 제기하며, 지속적으로 유권자와 소통해야만 가능하다.</u> 지역 이슈든, 소속 정당의 정체성을 드러낼 수 있는 정책 이슈든 좋다. 무엇이든지 후보자는 자신의 지역구와 유권자의 특성에 맞추어 이슈를 제기하고, 주민들의 참여를 이끌어 낼 수 있는 '이슈에 기반한 대중활동'을 전개해야 한다. 유권자에게 후보자가 '좋은 일을 하고, 열심히 하는 사람'이라는 인식을 심어줘야 한다. 또한 서명 운동 등에 참여한 유권자를, 치밀한 후속 작업을 통해 실질적인 지지자로 만들어 내야 한다.

(3) 지지도 상승을 위한 방법

　선거는 결국 '표'로 승부가 갈리는 게임이다. 선거운동 기간

유권자 명부 관리 (예시)

후보자의 지역 순회를 통해
확보된 명부

각종 우호 단체 회원 명부

각종 서명운동 등 참여 명부

지인 및 당원이 제출한 명부

기존 지역사업을 통해
확보된 명부

선거
캠프

정당 특보 및 각종 선전물의
우선적인 배포 대상

후보자를 통한
man-to-man 접촉

문자 및 카톡 메시지
일상적 발송

연고자를 지지자로 전환시키고,
새로운 연고자를 소개받음

지지자로 전환한 연고자를 통해
소규모 단위의 유권자 만남 개최

의 모든 활동은 '표'를 얻기 위한 것이며, 후보의 지지도 상승을 위한 것이다.

현실적인 이야기부터 하나 하자. 선거 막판이 되어 각 캠프에서 자신들이 획득할 수 있다고 생각하는 '표'를 전부 합하면 대개 유권자 총수를 넘는다. 실제 투표율 등을 감안하면 각 캠프는 말도 안 되는 표 계산을 하고 있는 것이다. 물론 캠프별로 여론조사도 하고, 각 언론사에서 발표되는 여론조사 결과도 있지만, 대부분의 후보자와 선거 캠프는 '숨어 있는' 자신의 표가 있다고 믿는다. 객관적이고 냉정한 판단이 아니라 당선을 향한 '기대 섞인' 표 계산인 것이다. 이러한 현상은 규모가 작은 지방선거일수록 더 심하다.

내가 항상 강조하는 것이 있다. 지지도 상승을 위해서는 우선 '표'를 셀 수 있어야 한다. 내가 지금 확보하고 있는 표가 어느 정도인지를 확실히 '판단'하지 못하면, 지지도 상승을 위한 계획을 짜고 구체적인 활동을 할 수 없다.

그렇다면 '표'는 어떻게 셀 수 있을까. 답은 '명부'에서 나온다. 앞서 '호감도 상승 방법'에서 말한 대로 다양한 경로를 통해 확보된 유권자 명부를 기반으로 선거운동을 하면서 확실한 '우리 표'를 체크하고, 다시 확실한 지지자를 중심으로 표를 확산시키면서 객관적인 표 계산을 해나가야 한다. 이를 '동심원 전략', '고구마 줄기론'이라고 한다.

선거에서 '표'를 센다는 것은 '핵심 지지층'을 형성하는 것, 즉 집토끼를 제대로 잡는 것에서 출발한다.

선거는 후보와 소속 정당으로부터 출발하고, 후보와 그 당을 지지하는 사람으로부터 시작한다. 지지자가 움직이지 않으면 선거는 성공할 수 없다. 지지자를 확인하고 그들이 열성적으로 움직일 수 있도록 하는 것이 선거운동의 핵심이다.

선거에서 이슈를 제기하고 공약을 발표하는 것도 모든 유권자를 만족시키기 위해서가 아니라 지지자들에게 확신을 주고 그들이 움직이도록 하기 위해서다. 아무리 중요한 이슈라도 지지자의 자신감을 떨어뜨리고 무력감을 준다면 절대 개입해서는 안 된다.

또한 인지도와 호감도를 높인다는 것이 불특정 다수를 대상으로 하는지, 자신을 찍어줄 가능성이 높은 유권자를 대상으로 하는지를 분명히 해야 한다. 누구에게 인지도를 높일 것인지 생각해 봐야 한다. 우리의 정책에 호감을 갖고 있는 계층, 우리의 정책에 절대적인 지지를 보내는 계층부터 인지도를 높여야 한다. 그 속에서부터 인지도·지지도를 높이고, 선거운동의 영향력을 증대시켜야 한다. 선거 전략을 짜는 데, 특히 조직 전략을 수립하는 과정에서 가장 중요한 것은 핵심 지지자를 만드는 것이다.

나는 국회의원 선거에 나서는 후보자들에게는 선거구에

찍어야 찍는다

지지층을 제대로 확보해야 한다

표를 셀 수 있을 정도로 지지자들을 구체적으로 파악해야 한다

핵심은 명부이다. 명부 없이 득표 없다

초기 조직사업의 핵심은 확실한 지지층의 명부를 확보하는 것이다

이들에 대한 집중적인 홍보를 통해 지지자를 확보하자

동심원 전략, 고구마 줄기론

서 자신을 위해 힘을 보탤 수 있는 확실한 지지자(핵심 지지자) 1,000명을 조직하면 선거에서 이길 수 있다는 말을 종종 한다. 기초의원의 경우 우선 100명을 모으라고 한다. 대다수 후보자들은 걱정하지 말라고 큰소리를 치지만, 3~4개월 뒤에 다시 확인해 보면 초라할 정도로 부족한 경우가 대부분이다. 그만큼 자신을 위해 뛰어줄 수 있는 핵심 지지층을 형성하는 것은 매우 어려운 일이다.

어렵지만 거기서 출발해야 한다. 핵심 지지자로부터 출발해서 원을 그리면서 지지도가 높은 사람에서 낮은 사람으로 확산해야 한다(동심원 전략). 시간과 돈, 조직과 홍보의 대부분을 핵심 지지자의 발굴과 확산에 두고, 이들을 통해서 최대한 빠른 시일 안에 인지도를 높이고 당선 가능한 선거 구도를 만들 수 있도록 전략을 짜야 한다. 선거 캠프를 구성하는 것도 핵심 지지자로부터 시작하고, 선거 전략을 수립하는 것도 핵심 지지자로부터 시작해야 한다.

2. 얻기 위해서는 과감히 '포기'해야 한다

내가 각종 선거 캠프에서 교육하며 가장 많이 하는 말 중 하나는 "포기를 잘해야 이긴다"이다. 이렇게 이야기하면 "아니,

표를 얻자고 하면서 포기를 잘해야 한다니요?"라고 반문하기 일쑤이다. 표를 얻기 위해서는 포기를 잘해야 하는데, 중요한 것은 무엇을, 어떻게 포기할 것인가이다.

앞서 1장에서 말했듯이 후보자는 자신이 모든 유권자들에게 호소해야 한다는 잘못된 생각에 사로잡히기 쉽다. 10명의 유권자 중 확실한 지지자가 2명만 있어도 당선이 가능하다는 사실을 염두에 두어야 한다. 확실한 2명을 확보할 수 있다면 나머지 8명은 과감하게 포기할 수 있어야 한다. 어차피 선거는 한정된 재화(선거비용)와 용역(선거 사무원, 자원봉사자 등)을 얼마나 효과적으로 쓸 수 있느냐에 따라 그 결과가 정해진다. 즉, 선택과 집중이 필요하다.

'포기'를 잘한 대표적인 선거가 고 노무현 대통령의 2002년 대선이다. 당시 노무현 후보는 '행정수도 이전'이라는 강력한 이슈를 내놓았다. 물론 '지방분권'이라는 본인의 정치철학을 담은 공약이기도 했지만, 선거 국면에서는 충청권을 확보하기 위한 적극적 이슈였다. 역대 대통령 선거에서 충청권을 확보한 후보가 이긴다는 현실을 정확히 반영한 것이다. 김대중 대통령도 소위 'DJP 연합'을 통해 충청권 표를 흡수하여 승리할 수 있었다.

당시 충청권의 표심은 이회창 후보에게 쏠리고 있었다. 이회창 후보의 선영先塋이 충남 예산이다 보니 충청권 유권자에게는

'우리 사람'이라는 인식이 강했다. 하지만 노무현 후보의 '행정 수도 이전' 공약 이후 충청권의 이회창 지지세는 급속도로 붕괴 했고, 결국 충청권의 승리를 바탕으로 노무현 후보는 대통령 선 거에서 승리할 수 있었다.

사실 '행정수도 이전'은 '양날의 칼'이었다. 충청권의 표심을 얻는 데는 결정적인 이슈였던 반면, 수도권에서는 집과 토지를 소유한 기득권층을 중심으로 격렬한 반대에 부딪힐 수 있었다. 실제로 TV 토론에서 이회창 후보는 행정수도 이전은 결국 수 도권 공동화로 귀결될 것이라고 맹렬히 공격했다. 노무현 후보 는 수도권, 특히 서울에 집 두 채 이상 또는 넓은 토지를 소유한 사람들을 과감히 '포기'했다. 어차피 자산을 많이 보유한 기득 권층은 자신의 표가 아니라고 판단했으며, 기존의 자신의 지지 층은 흔들리지 않을 것이라는 확신이 있었다. 포기할 것은 과감 히 포기하고, 충청권이라는 새로운 타깃을 공략한 노무현 후보 의 전략은 성공했다.

또한, 소위 '조중동' 500만 독자를 과감히 포기했다. 당시 조 중동은 당내 경선 과정에서부터 끊임없이 색깔론으로 노무현 후보를 공격했다. 하지만 그는 굽히지 않았다. 오히려 조중동과 맞섰다. 그 결과 '안티 조선일보' 운동을 해오던 다수의 시민들 이 '노사모'(노무현을 사랑하는 모임)로 합류하게 되었고, 지지층 의 충성도는 더욱 높아졌다. 조중동을 과감히 '포기'했기에, 더욱 강력한 지지 부대를 얻을 수 있었던 것이다.

실전에서 포기를 제대로 하기 위해서는 포기의 원칙과 내용이 있어야 한다. 이에 대해 구체적으로 알아보자.

(1) 목표 대상을 축소해야 한다

나는 1장에서 "10명의 유권자 중 확실한 2명의 지지자를 확인할 수 있다면 그 선거는 이기는 것이다"라고 말했다. 바꿔 말하면 확실한 지지자 2명을 확보하고, 나머지 8명을 과감히 '포기'할 수 있어야 한다. 한 선거구에서 2~4명을 선출하는 기초의원 선거의 경우 투표율이 50%라고 가정하면 15~20%를 득표하면 당선이 가능하다. 유권자 10명 중 5명이 투표하고 그중한 명이 지지하면 득표율이 20%가 된다.

목표 대상을 축소하고, 버릴 것은 과감히 버리기 위해서는 유권자를 세분화하여 '표적화'해야 한다. 이를 위해서는 우선 출마하는 선거구에서 당선 가능 득표수(율)를 명확히 구체적인 수치로 제시해야 한다.

다음으로 해당 선거의 역대 선거 결과를 분석해야 한다. 이전 선거의 구도는 어떠했는지(몇 자 구도였는지), 당선은 몇 %에서 결정되었는지 꼼꼼히 분석해야 한다. 중앙선거관리위원회 자료 중 역대 선거 투표율 분석 자료를 참조하여 성, 연령, 지역별 투표율을 살피는 것도 반드시 필요하다.

끝으로 여론조사를 실시해야 한다. 여론조사를 통해 후보자의 현재 상황을 객관화시켜서 보아야 어디를 표적집단으로 해야 할지 결정할 수 있다. 예를 들어보자.

다음 표의 여론조사를 진행한 A후보자는 소수당 출신의 재선 기초의원이었고, 2014년 당시 광역의원으로 출마하고자 했다. 상대는 다수당 출신의 현역 의원이었다. 투표일 약 두 달 전에 진행한 여론조사 결과 두 사람의 지지율은 거의 비슷하게 나왔다.

표는 여론조사 결과로써 A후보의 지지도, 인지도, 호감도를 성/연령, 지역별로 분석한 것이다. 이를 토대로 1차 표적집단은 40대(남/여), 2차 표적집단은 30대(남/여)로 정했다. 인지도와 호감도가 높고 상대적으로 지지도가 평균을 넘는 40대(남/여)에 대해서는 적극적으로 투표를 조직화하면서 핵심 지지층을 형성, 이들을 중심으로 구전 홍보를 하고 지지층을 넓혀 나가기로 하였다.

인지도에 비해 호감도가 높은(비인지호감도—알지 못하지만 호감이 간다—가 높게 나타남) 30대(남/여)에 대해서는 인지도를 높이기 위한 홍보전략을 세우고 지지도 상승으로 이어갈 수 있도록 계획을 세웠다.

그리고 호감도와 지지도가 현저히 낮은 ○○동에 대해서는

인지도·호감도·지지도 비교·분석을 통한 표적집단 선정의 예

A 후보		인지도	호감도	지지도
전체		38.7	44.7	23.9
성/연령	남 19~29세	32.9	22.5	22.5
	남 30대	39.4	63.4	25.9
	남 40대	56.7	48.5	40.8
	남 50대	42.2	37.0	20.1
	남 60대 이상	28.2	35.2	14.7
	여 19~29세	36.6	41.7	26.4
	여 30대	38.2	71.0	29.0
	여 40대	45.7	53.4	28.2
	여 50대	36.4	37.8	17.8
	여 60대 이상	22.3	23.5	5.1
지역	○○동	38.4	20.5	5.9
	◇◇동	40.6	55.4	26.2
	□□동	37.9	48.8	29.6

유권자 조사 및 조직 점검을 통해 문제를 분석하고, 구체적인 대응 방안을 마련하도록 했다.

전략적으로 공략해야 할 표적집단을 정하고, 나머지는 과감하게 '포기'해야 한다. 물론 쉽지 않은 일이다. 왜냐하면 두렵기 때문이다. 정말 '포기'해도 되는지 자신감이 없기 때문이다. 걱정하지 마시라. 전략적인 일관성을 버리면서 모든 유권자를 만족시키려는 우愚를 범하느니, 깔끔하게 '포기'하고 집중할 수 있는 지혜와 용기가 필요하다.

(2) 하고 싶은 말을 '포기'하라

한 후보자가 있었다. 정치 신인이었지만, 자신의 정치적 노선과 정책적 실력에 대한 자신감이 가득차 있었고, 예비선거운동 과정부터 지역 곳곳을 다니면서 열심히 자신을 알렸다. 지역 조사도 꼼꼼히 했고 공약도 구체적으로 수립한 상태여서 정말 많은 이야기를 하고 다녔다. 하지만 여론조사를 진행한 결과 인지도는 어느 정도 상승했지만, 호감도와 지지도는 거의 변화가 없었다.

이유는 간단했다. 너무 다양한 이야기를 하고 다녔기 때문이다. 내가 시장에서 그 후보자에 대한 평가를 직접 들어 봤더니 "젊은 사람이 열심히 다니는데, 무슨 이야기를 했는지는 잘 모르겠다"가 대다수의 의견이었다. 결국 열심히 준비하고, 다양한 주제의 정책과 공약에 대해 이야기했지만, 유권자의 머릿속에 남는 것은 하나도 없었던 것이다.

일곱 번 반복 전략Seven Times Strategies이란 말이 있다. 같은 말을 일곱 번 이상 들어야 행동으로 옮긴다는 것이다. 선거에서 유권자는 똑같은 선거 광고를 단기간 내에 일곱 번 정도 반복해서 접하면 그것을 기억한다고 한다. 이를 달리 말하자면 '단순반복의 법칙'이라고도 할 수 있다.

선거운동이란 결국 유권자들에게 후보자는 누구인가, 왜 나왔는가, 무엇을 해줄 것인가를 간명하게 메시지로 만들어서 전달하는 것이다. 그 메시지는 누구나 이해할 수 있을 만큼 쉬워야 하며, 길지 않게 한마디로 단순화시켜야 한다. 또한 확정된 메시지를 유권자들이 기억하고, 그 메시지를 주위 사람들에게 전파하게 하려면, 그들이 기억할 때까지 반복해서 메시지를 전달해야 한다. 선거에서는 '무한도전'이 아니라 '무한반복'이 필요하다.

내 경험을 예로 들어보자.

2010년 전북 교육감 선거 때의 일이다. 내가 컨설팅을 담당한 후보자는 현 전북 교육감인 김승환 후보였다. 당시 김승환은 전북지역의 교육, 시민, 노동단체에서 '민주진보진영 단일후보'로 추대하고 출마시킨 후보였다. 전북대 법학전문대학원 교수이자, 한국 헌법학회장을 지냈으며, 지역 방송토론 프로그램의 사회도 오래 한 인물이었다. 지역에서는 꽤 유명한 인사였지만, 선거일을 두 달 반 정도 앞둔 2010년 3월 12일 여론조사 결과 인지도가 21.2%에 불과했다. 게다가 처음 치르는 전국 동시 교육감 선거였기 때문에, 교육감 선거가 있는지를 알고 있는 유권자도 45.3%에 지나지 않았다. 여론조사 결과로는 솔직히 좋지 않은 상황이었다. 다만 내가 유의미하게 본 것은 "민주진보진영에서 교육감 단일후보를 추대한다면 지지하시겠습니까?"라는 질문에서 "인물을 보고 지지 여부를 결정하겠다"는 답이 62.9%로 압도적으로 높게 나온 것이었다.

내가 만든 메시지는 단순했다. '민주진보 단일후보, 교육감은 김승환'이었다. 경쟁 후보들은 지역 특성상 모두 민주당 조직 내 기반을 형성하기 위해 노력하였고, '참교육 교육감', '민주교육감' 등으로 자신을 지칭하는 상황이었다. 내가 위 메시지를 밀고 간 이유는 "MB 특권교육을 심판할 민주진보진영의 후보가 실제 누구인가?"를 알려야 이길 수 있다고 보았기 때문이다.

선거 과정에서 캠프 내 반발이 만만치 않았다. "왜 김승환 후보의 훌륭한 교육철학을 제대로 알리지 않느냐", "우리 정책이 얼마나 훌륭한데 썩히고 있느냐", "컨설팅 담당자의 정책 역량과 콘텐츠가 부족한 것 아니냐" 등. 많은 우여곡절이 있었고 캠프에서 욕도 많이 먹었지만, 끝까지 '민주진보 단일후보,

메시지를 백화점식으로 늘어놓아서는 결코 성공할 수 없다.
유권자들의 머릿속에 남지도 않는다.
선거에서 가장 핵심으로 삼을 이슈를 결정하고
서술식의 긴 메시지가 아닌 간결하고 뚜렷한 형태로 만들어야 한다.

교육감은 김승환'이라는 메시지를 끌고 나갔고, 결국 2,281표, 0.28%의 아주 근소한 차이로 대역전 승리할 수 있었다.

메시지를 백화점식으로 늘어놓아서는 결코 성공할 수 없다. 유권자들의 머릿속에 남지도 않는다. 선거에서 가장 핵심으로 삼을 이슈를 결정하고 서술식의 긴 메시지가 아닌 간결하고 뚜렷한 형태로 만들어야 한다. 선거에서 많은 말은 오히려 독이 된다는 사실을 명심하라. 첫째도 반복, 둘째도 반복, 셋째도 반복이다. 이 지루한 과정이 선거에서 이기는 지름길이 될 수 있다.

(3) '변화'를 포기하라

"변화는 선거에서 매우 중요한 단어인데 왜 포기하라고 하는 거죠?" 당연한 질문이다. 여기서 내가 말하는 '변화'는 캠프에서 논의를 통해 결정된 선거 전략 및 기조의 '변화'이다. 다시 말해서 선거 전략의 일관성을 철저히 유지해야 한다는 것이다.

물론 선거 상황이 뒤집어질 만한 사건이 벌어지거나, 지지율 변화의 추세가 심각하다고 판단되는 경우에는 발 빠르게 전략을 수정해야 한다. 하지만 잦은 선거 전략의 변화는 결코 도움이 되지 않는다.

선거 때가 되면 주변에서 수많은 이야기가 오고 간다. 특히 후보자의 경우 이러저러한 지역 주민의 요구와 선거만 되면 나타나는 선거'꾼'들에 많이 흔들리게 된다. 오죽했으면 '후보병病'이라는 말까지 있겠는가. 내가 경험한 대부분의 후보들이 이런 '후보병'에 걸린다. 대표적인 증상으로 '귀가 얇아진다'. 물론 후보자는 누구보다 유권자의 말을 경청해야 한다. 즉, 귀를 열어야 한다. 하지만 역설적으로 귀를 잘 닫아야 이길 수 있다. 아무리 초조하고 조급해도 절대 흔들려서는 안 되는 것이 있다는 말이다.

내가 겪은 후보들 중 최악의 후보는 자기 배우자가 점을 보고 왔다면서, 선거에서 이기려면 점쟁이가 이것저것을 하라고 했다고 말한 사람이었다. 또 어떤 후보는 캠프 회의를 주재하면서 자신의 판단대로 선거 전략을 이리저리 바꿔나갔다. 캠프의 어떤 참모가, 후보자가 회의에서 말한 것에 잘못된 판단이라고 맞서 싸울 수 있겠는가. 결국 이 선거는 제대로 해보기도 전에 캠프가 와해되어 실패하고 말았다.

선거에서 자주 나오는 이야기 중에 "가장 훌륭한 후보는 말 잘 듣는 후보다"라는 말이 있다. 후보는 철저히 캠프에서 결정한 선거 전략과 캠페인 계획에 따라 움직여야 한다. 캠프에 전달하고 싶은 의견이 있을 때에는 캠프에서 1인——선대본부장이건, 비서실장이건——을 통해서만 해야 한다. 그 후 캠프의 결정이 내려지면 그 결정에 따르는 것이 후보의 올바른 자세이다.

포기시의 원칙은 다음과 같다

목표 대상의 축소

유권자를 세분화하여 '표적화'하고 나머지는 과감히 포기한다

간단명료한 메시지

| 백화점식 나열로는 이길 수 없다
— 단순 반복의 원칙 | 대중은 같은 말을 일곱 번 이상
들어야 행동으로 옮긴다 |

포기해야 할 것은 '변화'이다

| 선거 전략의 일관성을
유지해야 한다 | 21세기 신종 유행병:
후보병 |

후보는 작은 '변화'에 연연하지 말고, 승리를 위한 '큰 판'을 잘 관리하고, 전략에 맞추어 행동하는 것이 필요하다.

3. 1위와 두려움 없이 싸워야 한다

선거에 돌입하면 선두주자가 있기 마련이다. 우리 후보자가 당내 공천 경쟁에서든 본선에서든 안정적 1위를 달리고 있다면 고려할 점이 아니지만, 현재 지지도는 물론 인지도마저 낮다면 선거 전략을 짤 때 '새로운 영역'을 개척해야 한다.

유권자는 끊임없이 새로운 것에 관심을 갖는다. 후보자의 출마 자체만으로 관심을 유발할 수 있다면 더할 나위 없겠지만, 실전에서 그런 일은 일어나지 않는다.

이럴 때 후보자들이 범하기 쉬운 실수 중 하나가 '1등 따라 하기'이다. 물론 1등을 달리는 후보는 반드시 이유가 있다. 하지만 잘되는 집안의 '남의 떡'이 커 보인다고 그것이 자신의 것이 될 수는 없다. 독창적인 자신만의 선거운동 방식을 개발해야 한다. 자신의 현재 상황을 객관적으로 인식하고, 득표를 최대화할 수 있는 선거 전략을 수립해야 한다.

또한 두려움 없이 1등을 공략해야 한다.

선거운동 초반에는 유권자의 머릿속에 여러 후보자가 난

립하다가 점차 두 후보 간의 접전으로 좁혀지게 된다. 대부분의 유권자들은 여러 후보자들 중 한 후보자를 선택할 때 1위와 2위를 놓고 양자택일하는 손쉬운 방법을 택하기 때문이다. 여기서 밀리면 가능성이 없다. 이를 '밴드웨건 효과'bandwagon effect라고 한다. 선거에서는 좀 더 우세해 보이는 사람을 지지하는 현상을 말하며, 시장에서는 어떤 상품이 유행하면 그 상품의 소비가 더욱 촉진되는 현상을 말한다. 선거운동 과정에서 유력한 후보자로 유권자들에게 인식되지 못하면, 결국 유권자들의 선택으로부터 멀어질 수밖에 없다. 따라서 선거운동 초반부터 1등을 적극 공략함으로써 최대한 후보자의 존재감을 부각시켜야 한다.

무조건 네거티브negative 전략을 써야 한다는 것은 아니지만, 안전한 방법으로는 1등 후보를 쓰러뜨리지 못한다. 선거에서는 반대를 두려워하지 않고, 욕 먹을 각오를 하면서 이슈를 내걸고 추진하는 힘이 있어야 이길 수 있다. 자신이 옳다고 생각하는 것을 두려움 없이 제기하고, 이를 통해 상대를 공략해야 한다.

1등 후보를 공략하는 데 중요한 원칙 두 가지만 명심하도록 하자.

첫째, 팩트fact에 충실해야 한다. 다급하다고 없는 말을 만들어서는 안 된다. 팩트에 기반하지 않은 무조건적인 공략은 반드시 역풍으로 돌아온다는 것을 잊지 말자.

둘째, 1등 후보의 강점 속에서 약점을 찾아 공격해야 한다. 유권자들이 인식하는 1등 후보의 강점을 흔들지 않고서는 자신이 파고들어갈 공간이 생기지 않는다. 유권자들이 1등 후보의 강점에 의구심을 느끼는 순간, 이길 수 있는 길이 생긴다.

4

선거 전략 수립, 어떻게 할 것인가

1. 선거 전략이란 무엇인가?

선거 전략이란 선거에서 목표한 바를 달성하기 위한 시나리오이다. 또한 선거라는 긴 항해에서 목적지까지 안내하는 나침반이다.

선거 전략 수립은 승리를 위해 필수불가결한 요건이다. 선거에서 전략과 전술 없이 승리할 수 없다는 것은 당연한 말이다.

선거 컨설턴트들은 선거를 종종 '전쟁'에 비유한다. 선거라는 '전쟁'에서 최종 목적은 승리(당선)이다. 그런데 최종적 승리를 거두기 위해 모든 국지전(모든 이슈 및 모든 계층)에서 승리해야 하는 것은 아니다. 현실적으로 그럴 만한 역량을 갖춘 후보자와 캠프는 세상 어디에도 없다. 정확한 상황분석과 그에 입각한 구체적이고 현실적인 목표의 설정, 가장 관건이 되는 전장(유권자)에서 승리하기 위해 어떤 자원을 어떻게, 언제 사용할 것인가를 정하는 것이 선거 전략이다. 따라서 <u>선거란 유권자의 마음을 움직여서 자신에게 '표'를 찍게 하는 구체적인 전략과 전술, 그리</u>

고 실행계획이 없이는 이길 수 없는 싸움이다.

또한 선거 전략을 바탕으로 선거운동원 모두가 일사불란하게 움직일 수 있도록 해야 한다. 후보자가 캠프를 꾸리다 보면 자칭 '선거 전문가'들이 많이 나타난다. 선거는 이래야 한다, 저래야 한다고 훈수 두는 사람들이 많아진다. 그러나 사공이 많으면 배가 산으로 간다. 아주 체계적이고 구체적인 선거 전략을 수립하지 않으면 서로 자신의 의견이 옳다고 캠프 내에서 싸우다가 자멸하고 만다. 오죽했으면 "선거 전략이 없는 것이 선거 전략을 잘못 세우는 것보다 더 문제다"라는 말까지 있겠는가.

선거 전략을 수립할 때 범하기 쉬운 실수 중 하나가 기껏 열심히 준비하고 분석해서 만든 '선거 전략 기획서'를 캠프의 핵심 몇몇만 공유하고, 고스란히 모셔두는 것이다. 말로는 '보안' 문제 때문이라고 하지만, 결코 옳은 방식은 아니다. 만약 공개하기 힘든 부분이 있으면 그것만 제외하면 된다. 그냥 썩히지 말고, 끊임없이 선거운동원과 핵심 지지자들을 모아서 교육하고, 공유해야 한다. 자신이 지지하고 선거운동을 함께 하는 후보자를 위해 무엇을 할 것인가를 정확히 공유해야 제대로 선거운동을 할 수 있고, 승리할 수 있다.

그리고 선거 전략은 반드시 문서화해야 한다. 선거운동 본부 전체가 최소한 문서상으로라도 승리를 확신할 수 있도록 수정·

보완하여 완성해야 한다. 실전 선거운동의 첫걸음은 선거 전략 기획서를 제대로 만드는 것에서 시작한다.

첫 번째 단계로 지역 조사, 유권자 조사, 캠프 준비 정도, 우리 후보자와 상대 후보자에 대한 조사 등을 마치고, 이를 바탕으로 SWOT(149쪽 참고) 분석과 대응전략을 수립한다.

나아가 선거 목표를 정하고 선거 구도 전략, 이슈 전략, 표적 집단 전략, 선거테마 등을 정리해서 선거 기본전략을 세운다.

이후 조직, 홍보, 유세, 재정 계획 등과 일정, 단계별 계획을 담은 구체적 실행 전략 및 계획 전략 등 개별 전략을 세우면, 이제 그것들을 총괄하여 선거 전략 기획서를 작성한다.

선거 기획서는 단지 하나의 문서를 만드는 것에 그쳐서는 안된다. 그야말로 구체적인 선거 준비 및 선거운동의 교과서가 되어야 한다. 앞서 여러 차례 강조했듯이 큰 변수가 없으면 한번 작성된 기획서는 흔들리지 않고, 끝까지 밀어붙이는 지침이 되도록 해야 한다.

선거 전략 기획서의 구조 (예시)

Ⅰ. 상황 분석	1. 정치 환경 분석	• 선거의 성격과 정치·사회적 조건 • 해당 선거구 내 정치 환경
	2. 선거구 분석	• 선거구 사회·경제적 분석 • 지역 현안 및 역대 선거공약 분석
	3. 유권자 분석	• 선거구의 인구통계학적 현황 • 역대 선거 결과 분석 • 여론조사 결과 분석(정성/정량 조사)
	4. 경쟁자 분석	• 경쟁 후보자의 물적·인적 자원 분석 • 경쟁 후보자의 강점과 약점 분석 • 경쟁 후보자의 개성·경력·정견 분석 • 경쟁 후보자의 예상 선거 전략 분석
	5. 후보자 분석	• 우리 후보자의 물적·인적 자원 분석 • 우리 후보자의 개성·경력·정견 분석 • 소속 정당의 선거 전략 분석 • 우리 후보자의 포지셔닝 분석
Ⅱ. SWOT 분석 및 대응전략 수립	1. SWOT 분석	• 내부 요인으로 후보자의 강점·약점 분석 • 외부 요인으로 기회 및 위협요인 분석
	2. 대응전략 수립	• SWOT 분석에 기반한 전략 수립 • 전략 우선순위 결정 및 배치
Ⅲ. 선거 기본전략	1. 선거 목표 수립	• 선거 목표(정치적 목표) • 득표 목표
	2. 구도 전략 수립	• 선거 성격 규정 • 정치 구도, 후보자 구도 설정

III. 선거 기본전략	3. 표적집단 선정 및 전략 수립	• 유권자 세분화에 따른 표적집단 선정 • 정치성향, 성/연령, 지역별 타깃 설정
	4. 이슈 전략 수립	• 핵심 이슈 결정 및 이슈 확산 전략 • 이슈 확산을 위한 단계별 계획
	5. 선거 콘셉트 (메시지) 수립	• 후보자 포지셔닝 및 선거 콘셉트 확정 • 캐치프레이즈와 슬로건
IV. 선거 실행전략	1. 인지도, 호감도 향상 전략	• 구체 표적집단별 인지도, 호감도 상승 • 이슈를 통한 인지도, 호감도 상승
	2. 선거조직 전략	• 선거조직 기본 전략 • 선거조직 구성 및 운영 방안 • 유권자 DB 구축 및 활용 방안
	3. 선거홍보 전략	• 선거홍보 기본 전략 • 메시지 전략 및 매체 활용 전략 • 홍보 매체 구체 실행 계획
	4. 선거유세 전략	• 선거유세 기본 전략 • 유세 지도(지역별 득표 지도) • 유세일정 등 세부 실행 계획
	5. 선거 재정 전략	• 선거 예산 기본안 수립 • 재정 모금 방안 • 재정 집행 구체 일정 계획
V. 단계별 실행계획		• 당내 경선 실행 계획 • 예비후보자 등록 후 선거운동계획 • 단계별·분야별 일정 계획 수립 • 주요 참고 일정 정리
VI. 선거운동본부 조직 기구표		

2. 상황분석

— 知彼知己면 百戰百勝이다

선거 준비를 시작하면서 후보자와 캠프는 스스로를 냉철하게 돌아봐야 한다. '나'를 제대로 알지 못하면 절대로 이길 수 없다. 자신의 조건과 자원을 솔직하게 판단하고, 최대한 활용하기 위한 계획을 제대로 세우지 못하면 선거운동의 실전에서는 우왕좌왕 혼선을 반복하게 된다. 선거 준비는 바로 '나를 아는 것'에서 시작한다는 것을 명심하라.

선거를 준비하는 과정에서 다음과 같은 사항들에 대해 모두 답할 수 있어야 한다. 스스로 답을 할 수 있고 찾을 수 있다면 그것부터 이기고 시작하는 것이다.

- 우리 선거구의 현안 문제는 무엇이며, 주민들의 정치적 · 지역적 요구는 무엇이고 이를 해결할 대책을 마련하고 있는가?
- 우리(후보자)의 장점은 무엇이고 단점은 무엇인가? 우리(후보자)의 장점을 부각하고 단점을 방어하기 위한 전략은 무엇인가?
- 상대 후보자는 누구이며, 가장 강력한 경쟁자는 누구인가? 상대 후보자의 강점, 약점은 무엇이고 그와 상대하여 이길 전략은 무엇인가?
- 우리 자신이 갖고 있는 자원, 즉 열성적으로 활동할 선거운동원 및

자원봉사자와 지역별 조직은 어느 정도 준비되어 있으며, 어떻게 활용하여 그 효과를 극대화할 것인가? 선거 재정은 어떻게 마련할 것인가?

- 우리가 이번 선거를 통해 이루려는 목표는 무엇인가? 특히 선거에서 어느 정도 득표를 목표로 하는가?
- 우리의 잠재적 지지자, 즉 표적집단은 누구이고, 이들을 우리의 지지자로 조직하기 위한 구체 계획과 설득할 수 있는 메시지는 무엇인가?
- 우리 후보자를 유권자들에게 명확히 인식시키기 위한 선거 콘셉트는 무엇이고, 유권자들을 투표장으로 이끌 수 있는 이슈는 무엇으로 설정할 것인가?

후보자와 캠프의 핵심 성원들은 스스로 답을 하기 위해 지금부터 움직여야 한다. 아마도 지금 출마를 준비하는 후보자들은 공식적인 캠프까지는 아니더라도 핵심 참모그룹을 중심으로 내부 선거기획단(또는 선거준비위원회)을 구성하여 활동하고 있을 것이다. 내부 선거기획단(또는 선거준비위원회)은 구성해 놓았는데 무엇부터 시작할지 몰라 우왕좌왕하고 있다면, 먼저 위의 질문들에 스스로 답하기 위한 철저한 조사와 분석부터 시작하자.

(1) 선거구 분석 — 지역을 모르면 이길 수 없다

선거를 하는데 우리가 지역 사정을 제대로 파악하지 못하고 있다면 어떻게 되겠는가? 누구를 만나야 할지, 어떻게 선거운동을 해야 할지 갈피를 잡을 수 없을 것이다. 내가 '전쟁'을 치러야 하는 지역의 특성과 조건, 승리하기 위해 선점해야 할 지역과 고지가 어디인지를 모르고는 승리할 수 없다.

지역에 대한 면밀한 조사는 총체적인 선거 전략 수립뿐만 아니라 조직, 홍보, 유세 등의 세부 계획을 세우는 데도 필수적이다.

선거구 분석을 어떻게 해야 하는가. 너무 어렵게 생각할 필요가 없다. 이미 관련 자료는 곳곳에 널려 있다. 중요한 것은 이러한 자료와 정보를 어떻게 체계적으로 일목요연하게 표로 정리하느냐이다. 선거구 분석을 위해서는 정부 및 지방자치단체에서 발간하는 각종 백서, 업무계획서, 통계자료, 다양한 연구소 및 시민단체의 보고서와 발간 자료 등을 활용해야 한다. 이미 대부분은 인터넷에 공개되어 있다.

이제 선거구 분석을 위해 기본적으로 분석해야 할 항목은 무엇인지 알아보자.

① 인구·통계학적 환경 조사 및 분석

- 성/연령별 인구수, 유권자수, 세대수 (전체 및 동별/투표구별)
- 유권자의 선거구 거주기간별, 출신지별, 직업별, 학력별, 종교별 현황 및 통계
- 가구·주택별 현황 : 거주 주택별(아파트 및 일반 주택), 가구별 주택 소유 형태(자가 소유, 전월세 등), 집값 비교 분석(전/월세값, 아파트/주택 시세 등), 반/지하 가구, 옥탑방 및 최저 기준 미달 가구 분석(저소득층, 기초 수급자, 독거노인, 1인 가구 등)
- 통근/통학 인구와 상주 인구 현황 분석
- 선거구의 지리적 요소에 대한 파악 : 투표구와 투표소의 위치, 주요 기관 및 지역 단체의 위치, 주요 시장(마트), (마을)버스 정류장, 학교 및 교육기관 등 주요 전략 포스트의 파악 및 표시(선거구 전역을 망라하는 관내지도의 준비는 필수적임)

② 사회·경제적 환경 조사 및 분석

- 교육 기관 현황 : 각급별 학교 수 및 현황, 기타 직업 훈련기관 등 교육기관, 사설학원
- 보건·복지시설 현황 : 의료시설, 보건시설 등 현황, 사회복지관, 아동/노동/장애인 복지시설 현황, 보육시설 및 유치원 현황(국·공립,

민간)

- 저소득층 실태 및 현황 : 국민기초생활보장 수급자 현황, 독거노인 및 소년소녀가장 현황
- 문화 시설 현황 : 공연장, 전시실, 도서관 등 문화 기반시설 현황, 체육관, 각종 경기장(운동장) 등 체육 시설 현황, 각종 생활 체육 동호회 현황, 지역 문화 예술 단체 현황
- 경제 및 산업 현황 : 지역별 산업체 수 및 분포, 해당 선거구 지방자치단체 예산 규모와 자립도, 지방재정 운영 현황
- 시민단체 및 비영리 민간단체 현황 : 분야별 시민사회단체 현황(등록 단체명, 회원수 등), 각 단체별 주요 사업 및 활동 내용

③ 선거구 현안 분석

- 최근 선거 각 후보자 공약 : 중앙선거관리위원회 홈페이지 '선거정보도서관'에서 후보자 선거공보(공약서) 분석, 실제 이행 여부 분석
- 지방자치단체 주요 현안 : 해당 지자체 업무 백서 및 각종 사업 보도자료 분석
- 해당 지역신문에 보도된 지역 현안 : 최근 2년간 지역 신문 수집 및 주요 현안 분석
- 지방의회 자료 : 해당 지방의회 홈페이지 등을 통해 지방의회 안건 및 처리 회의록, 지방의원 의정질의 내용, 각종 조례 제·개정 현황

(2) 유권자 분석 — 유권자를 모르면 이길 수 없다

유권자 성향을 알지 못하고는 절대로 선거에서 이길 수 없다. 유권자를 단순히 수치상으로 판단하는 것이 아니라 질적으로 분석하는 것, 즉 속성을 파악하는 것이 중요하다. 지역 유권자들이 어떤 불만을 갖고 있는지, 어떤 성향의 후보자를 선호하는지, 정치성향은 어떠한지, 선거에 대하여 어떻게 접근하는지를 규명해야 한다. 이러한 유권자 분석은 선거 전략을 수립하는 데 기초자료가 되며, 특히 표적집단 선정과 선거 이슈 설정, 홍보매체 전략 등에 직접적인 영향을 준다.

① 유권자 특성 분석

유권자의 인구·통계학적 분석은 성/연령, 직업, 교육수준, 소득수준, 종교, 가구형태 등의 자료를 바탕으로 특징과 변동 상태를 정리하는 것이 좋다. 특히 인구·통계학적 분석은 유권자를 세분화하여 표적집단을 설정하는 데 중요하게 활용된다. 앞의 '선거구 분석'에서 세부 항목을 정리했으니 참고하면 될 것이다.

내가 중요하게 생각하는 것은 유권자 의식 조사, 특히 유권자들이 선거에 대한 정보를 어디서 얻고, 후보자를 언제 최종 선택하는지, 선거에 대해 어떻게 바라보는지를 아는 것이다. 캠프에서 직접 선거구 유권자를 대상으로 여론조사를 진행하면 되지만 비용 등 여러 문제로 직접 여론조사를 하기 힘들 경우, 중앙선거관리위원회에서 매번 선거 이후 발행하는「유권자 의식조사 보고서」등 기존의 자료만 잘 찾고 분석해도 큰 도움이 될 것이다.

　다음 표는 중앙선거관리위원회에서 발행한「2014년 제6회 동시지방선거 유권자 의식조사」를 바탕으로, 유권자들이 후보자의 정보를 취득하는 경로를 분석한 것이다.

후보자 인지 경로 (단위: %)

구 분	광역단체장	기초단체장	지방의원	교육감
TV·신문 등 언론보도·기사	34.0	20.8	17.6	26.3
TV 대담·토론 및 방송연설	22.0	15.7	10.0	14.6
가족·친지·이웃과의 대화	18.0	24.2	26.1	24.6
후보자 홍보물	19.3	26.2	29.6	25.1
후보자의 거리연설	4.1	8.0	10.5	4.7

투표참여 유권자(N=851)의 후보자 인지 경로를 살펴보면, 'TV·신문 등 언론보도·기사'가 도움이 되었다는 응답은 광역단체장(34.0%)과 교육감(26.3%) 선거에서 높게 나타난 반면, '후보자의 선거 홍보물(선거공보·선거벽보·현수막 등)'은 기초단체장(26.2%)과 지방의원(29.6%) 선거에서 가장 도움이 된 것으로 나타났다.

좀더 자세히 들여다보면 광역단체장 후보자를 선택하는 데 가장 도움이 되었던 정보취득 수단으로는 'TV·신문 등 언론보도·기사'라는 응답이 34.0%로 가장 높았고, 다음으로 'TV 대담·토론 및 방송연설'(22.0%), '후보자의 홍보물'(19.3%), '가족·친지·이웃과의 대화'(18.0%)의 순이었다. 교육감 후보자 선택에는 'TV·신문 등 언론보도·기사'가 26.3%로 가장 도움이 되었다고 응답했고, 다음으로 '후보자의 홍보물'(25.1%), '가족·친지·이웃과의 대화'(24.6%), 'TV 대담·토론 및 방송연설'(14.6%) 등의 순으로 나타났다.

기초단체장 후보자의 경우는 '후보자의 홍보물'이 26.2%로 가장 높았고, 다음으로 '가족·친지·이웃과의 대화'(24.2%), 'TV·신문 등 언론보도·기사'(20.8%), 'TV 대담·토론 및 방송연설'(15.7%) 등이었고, 지방의원 후보자는 '후보자의 홍보물'이 29.6%, 이어서 '가족·친지·이웃과의 대화'(26.1%), 'TV·신문 등 언론보도·기사'(17.6%), '후보자의 거리연설'(10.5%), 'TV 대담·

토론 및 방송연설'(10.0%) 등의 순으로 정보를 얻은 것으로 나타났다.

이런 자료들을 구체적으로 성/연령별로 분석하면 자신이 '표'를 획득해야 할 타깃층에 어떻게 전략적으로 접근해야 할지 알 수 있다.

같은 자료를 통해 유권자들이 언제 투표할 후보자를 최종적으로 결정하는지도 확인해 보자.

지지 후보자 결정 시기 (단위: %)

구 분	광역단체장	기초단체장	지방의원	교육감
투표 당일	8.5	9.2	13.4	16.5
투표일 1~3일 전	17.4	22.2	27.6	26.3
투표일 1주일 전	26.6	26.7	24.9	23.1
투표일 2주일 전	14.2	13.0	12.0	12.0
투표일 3주일 전	18.3	9.9	6.6	6.8
투표일 4주일 전	22.8	19.0	15.5	16.1

투표참여 유권자(N=851)의 지지후보자 결정 시기를 살펴
보면, 광역단체장과 기초단체장은 '투표일 1주일 전'에 결정하
였다는 비율이 각각 26.6%와 26.7%로 가장 높았고, 지방의원
과 교육감의 경우 '투표일 1~3일 전'에 결정했다는 응답이 각
각 27.6%와 26.3%로 가장 높게 나타났다. 전반적으로 유권자
의 절반 이상이 투표 전 1주일 이내에 지지후보자를 결정한 것
으로 보인다. 특히 지방의원과 교육감의 경우 투표 당일 혹은
투표가 임박하여 지지후보자를 결정한 비율이 높은 이유는 지
방의원과 교육감 선거 후보자에 대한 정보 부족과 낮은 관심도
등이 반영된 것으로 보인다.

후보자 인지 경로 조사 결과와 마찬가지로 성/연령별로 분석
하면 타깃층에 대해 언제 선거운동을 집중해야 할지를 결정하
는 중요한 자료가 될 수 있다.

② 역대 선거 결과 분석

선거구의 역대 각종 선거 결과를 분석하면 후보자가 출마하
고자 하는 지역의 정치 지형을 확인할 수 있다. 지난 10년간 선
거 결과를 일목요연하게 표로 정리하면 선거 전문가가 아니더
라도 기본적인 선거구 정치 성향이 어느 쪽에 유리하게 작용할
것인지를 알 수 있다. 해당 선거구의 여당과 야당의 고정 지지

표, 군소정당 또는 3위 후보자의 고정표 등이 어느 정도인지 가늠할 수 있다. 더불어 선거 때마다 표심을 바꾸는 층도 대략 짐작할 수 있다.

역대 선거 결과를 분석할 때 우선 투표율과 그 추이를 정리하고, 정당별, 후보자별 득표 현황을 분석한다. 그리고, 자신의 선거구에서 읍·면·동별, 투표구별로 정리하다보면 자신의 우위, 경합, 열세 지역을 예상할 수 있다.

분석 자료는 중앙선거관리위원회 홈페이지의 '선거별 개표 현황', '투표율 현황', '유권자 의식조사' 등을 활용할 수 있다. '선거별 개표 현황'은 투표구 단위까지 투표율과 정당별, 후보자별 득표율이 나와 있다. 이를 캠프에서 선거구의 정치지형을 한 눈에 볼 수 있도록 가공하면 된다. 중앙선관위가 선거 이후 발행하는 '투표율 분석 자료'를 살펴보면 시·군·구 단위의 성/연령별 투표율도 확인할 수 있다.

③ 여론조사 분석

후보자가 흔히 묻는 질문 중의 하나가 "선거 준비하려면 무엇부터 시작해야 하나요?"이다. 나는 "일단 조사부터 돌려보시죠"라고 대답한다. (선거 컨설팅을 하는 입장에서는 후보자의 현실을 냉정하게 보는 것에서 시작해야 한다는 변하지 않는 원칙이 있다.) 그러

역대 선거 결과 분석 양식 (예시)

제6회 지방선거 — 기초단체장 선거 (2014. 6)

투표구명	선거 인수	투표수 (투표율)	득표수					계
			○○○	●●●	◇◇◇	◆◆◆	□□□	
해당 선거구 합계								
부재자								
△△동 소계								
△△동 제1투								
△△동 제2투								
...								

지역 실태조사 목록 정리

항목	조사 내용	자료 출처
인구 통계학적 분석	• 선거구 내 읍·면·동별, 투표구별 인구(유권자)의 성별·연령별·직업별·학력별 통계	지방자치단체 홈페이지 중앙선관위 자료 통계청 자료
지역 정치 현황	• 최근 10년 내 선거 결과(투표구까지) • 시·구의원 현황(정당·경력·평판 등) • 상대·경쟁 후보자 정보	중앙선관위 홈페이지 개표 결과, 투표율 분석 자료 의회 회의록, 상대 후보자 홈페이지, 각종 언론 검색
지역 이슈 조사	• 지역 현안(교통·주택·재개발 등)	지역 신문 역대 선거 공보 분석
사회 환경 조사	• 초·중·고교 수, 어린이집, 유치원 (구립/사립 분류), 기타 교육시설 • 보건소, 복지시설, 문화시설 등 • 지역 경제 현황 조사	지방자치단체 홈페이지
지역 단체 조사	• 노조 및 지역 주민운동단체 조사 • 주민자치단체 (부인회·아파트자치회 등) 조사 • 교회·성당·사찰 등 종교단체조사 • 각종 이익단체 및 관변단체 조사	지역 신문 지방자치단체 홈페이지 직접적인 대면 조사

면 대부분의 후보자는 "아직 제대로 활동을 하지도 않았으니, 일단 열심히 하고 여론조사를 해보면 안 되나요?" 하고 이야기한다. 나는 이러한 생각이 결국 '지는 선거'를 만든다고 확신한다. 선거에서 지는 것보다 두려운 것은 없다. 일단 여론조사를 통해 자신의 상황과 위치에 대해 객관적으로 바라보는 것에서부터 시작하자. 그래야 이기는 길에 조금 더 다가설 수 있다.

일반적으로 여론조사 분석은 후보자 캠프에서 직접 실시한 여론조사 자료가 가장 기본적인 것이다. 물론 여기에 언론에서 보도하는 여론조사 자료, 과거 선거구에서 실시된 여론조사 자료 등을 잘 활용하여 진행해야 한다. 여기에서는 후보자 캠프에서 직접 실시할 수 있는 여론조사의 종류와 활용법 등에 대해 이야기하겠다.

선거에서 여론조사 방식은 정량 조사Quantitative Research와 정성 조사Qualitative Research로 나눠볼 수 있다. 말 그대로 정량 조사는 통계에 더 초점을 맞춘 조사 기법으로, 측량하거나 분석이 가능한, 조사의 결과가 '양'률, 즉 수량적 데이터로 나타나는 조사를 말한다. 전화면접조사, ARS 여론조사가 여기에 속한다.

정성 조사는 정량 조사와 달리 구조화된 설문지에 의한 사전적 가정을 피함으로써, 후보자가 간과하고 있는 유권자의 정보와 선거에 대한 아이디어를 얻을 수 있는 장점을 가지고 있다. 유권자의 경험 및 투표 행태, 후보자 이미지, 선거에 대한 판단

선거 여론조사 방식

정량 조사	
종류	전화조사, 면접조사, On-line survey 등
특징	• 많은 표본을 사용하고 소비자를 하나의 대량시장의 일부분으로 해석한다. • 구조화적 질문지를 사용하여 구조적이며, 한번 확정되면 고정적이다. • 질문중심적이다. (What? When? How?)

정성 조사	
종류	On-line focus group, FGI, In-depth interview 등
특징	• 적은 표본을 사용하고, 소비자를 하나의 개인으로 기술하고 이해한다. • 가이드라인을 활용하여 비구조적이며, 상황변수에 유연하다. • 반응중심적이다. (expressive, Why?)

등에 대해 유권자들이 어떻게 생각하고 느끼는지에 좀 더 초점을 맞춘 조사 기법이다. 포커스 그룹 인터뷰, 심층면접조사In-depth Interview 등이 있다.

선거에서 주로 활용하는 대표적인 정량 조사 방법인 전화면접조사, ARS 여론조사에 대해 알아보자.

전화면접조사

- 방법 : 전화로 직접 면접하는 방식. 설문수는 15개에서 20개까지 가능. 배경 질문 7~8개(성, 연령, 지역, 학력, 소득, 주거 형태, 자녀 수 등)를 통해 다양한 분석 가능.
- 장점 : 전화번호부를 이용한 정확한 표본 추출 가능. ARS 여론조사에 비해 다양한 질문을 통해 유권자의 이슈 반응도, 선호하는 후보자의 상像 등을 정밀하게 볼 수 있다.
- 단점 : ARS 조사에 비해 고비용, 신속한 조사 불가, 자주 실행하기 어려움.

ARS 여론조사

- 방법 : 녹음된 음성으로 전화를 이용해 면접하는 방식. 설문수 7~8개 내외. 배경 질문 3개 정도.(성, 연령, 지역 등)

- 장점 : 신속한 조사 가능, 저렴한 비용, 선거 관심 층의 응답률이 높음.
- 단점 : 젊은 층 연결이 어려움. 성·연령별 가중치 적용 불가피. 질문 수의 한계로 다양한 질문을 할 수 없음.

다음으로 정성 조사의 대표적인 방식인 포커스 그룹 인터뷰에 대해 간략히 알아보자.

포커스 그룹 인터뷰Focus Group Interview, FGI는 유권자의 의식을 심층적으로 분석하기 위한 조사기법이다. 유권자가 생각하는 이상적인 후보자의 기준, 우리 후보자의 이미지, 우리 후보자와 경쟁 후보자의 포지션 등을 심층 분석한다.

조사 방식은 일종의 좌담회 형식으로 8~12명의 표적유권자를 한 장소에 모아서 2~3시간 정도로 주제별 이야기를 나누면서 선거에 대한 여러 가지 정보를 찾아낸다. 우리 후보와 경쟁 후보의 강점, 약점, 평상시 느낀 이미지 등을 구체적으로 조사할 수 있으며, 원하는 후보자의 상과 주요 정책 및 이슈에 대한 유권자의 요구를 파악할 수 있다. 또한 참석자들의 생생한 대화 내용을 녹취하여 정리하는 과정에서 후보자의 콘셉트, 선거 슬로건, 홍보물에 사용될 표현 문구, 선거운동에 대한 아이디어 등을 얻을 수 있다.

그러면 이러한 여론조사의 기법들을 실제 선거에서 어떻게 활용할 것인가.

우선 전화면접조사와 FGI 기법은 벤치마크 조사Benchmark Survey 방식으로서, 후보자가 출마를 결정한 뒤 선거 전략과 마스터 플랜을 세우는 데 활용할 수 있다. 후보자, 선거구, 유권자 상황들을 깊이 있게 파악할 수 있다. 전화면접조사(TM)가 대인 직접면접조사와 비교하여 세부 항목을 분석하는 데 부족할 수도 있지만, 비용·활용도를 고려하면 더 효과적인 방법은 찾기 어렵다.

ARS 여론조사의 경우 추적 조사Tracking Survey, 즉 선거의 진행 상황을 점검하기 위해 똑같은 질문을 가지고 주기적으로 실시하여 선거 상황과 판세를 점검하는 방식으로 활용할 수 있다. 인지도, 호감도, 지지도 추이를 파악하고 원인을 분석하여, 선거 전략을 수정하거나 구체적인 계획 변화가 필요한지에 대한 정보를 얻을 수 있다. 게다가 신속성과 저렴한 비용 등으로 적극 활용이 가능하다.

마지막으로 여론조사와 관련해서 꼭 이야기하고 싶은 것이 있다. 여론조사는 '점'占이 아니다. 한번 조사를 했다고 모든 답을 얻을 수 있는 것이 아니다. 한 번의 여론조사 결과에 결코 환호해서는 안 되며, 좌절해서도 안 된다. 중요한 것은 정기적이고 지속적인 여론조사를 통해 인지도, 호감도, 지지도의 추이와 그 이유를 분석하는 것임을 잊지 말자.

ARS 여론조사 설문지 (예시)

안녕하십니까? 여론조사 전문기관 ○○○입니다.

내년에 치러질 ○○ 시장 선거와 관련하여 대국민 여론조사를 진행하고 있습니다.

잠시만 시간을 내어 주시면 대단히 감사하겠습니다.

1. 선생님의 연령은 어떻게 되십니까?

18세까지의 10대는 ①번 → 조사 종료

19세를 포함한 20대는 ②번, 30대는 ③번, 40대는④번, 50대는 ⑤번, 60대 이상이

시면 ⑥번을 눌러주십시오.

2. 선생님께서 사시는 곳은 어디입니까?

○○동이면 ①번, ◇◇동이면 ②번, □□동이면 ③번,

위 지역에 거주하지 않으시면 ④번을 눌러 주십시오. → 조사 종료

3. 선생님께서 남성이면 ①번, 여성이면 ②번, 기타 ③번을 눌러 주십시오.

4. 내년에 치러질 ○○ 시장 선거에서 ●●당 후보자로 아래의 사람들이 경합한다고

할 때, 누가 더 적합하다고 생각하십니까?

○○○ 현 □□이면 ①번,

○○○ 현 ◇◇이면 ②번,

○○○ 전 △△이면 ③번,

지지후보자가 없거나, 잘 모르겠으면 ④번을 눌러주십시오.

5. 내년에 치러질 ○○ 시장 선거에서 아래의 사람들이 경합한다고 할 때, 누가 더 적합하다고 생각하십니까?

더불어민주당 ○○○ 후보자이면 ①번,

자유한국당 ○○○ 후보자이면 ②번,

정의당 ○○○ 후보자이면 ③번,

지지후보자가 없거나 잘 모르겠으면 ④번을 눌러주십시오.

6. 선생님께서는 현 ◆◆◆ 공동대표이자 ●●●를 역임한 ○○○ 씨에 대해서 얼마나 알고 계십니까?

알고 있고 호감이 가면, ①번

알고 있지만 호감이 가지 않으면 ②번

알지 못하지만 호감이 가면 ③번

알지도 못하고 호감도 가지 않으면 ④번을 눌러 주십시오.

7. 선생님께서는 다음 중 어느 정당을 지지하십니까?

더불어민주당은 ①번, 자유한국당은 ②번, 국민의당은 ③번, 바른정당은 ④번, 정의당은 ⑤번, 기타 정당은 ⑥번, 지지하는 정당이 없으면 ⑦번을 눌러주십시오.

설문에 끝까지 응해 주셔서 대단히 감사합니다. 이 여론조사 책임자는 여론조사 전문기관 ○○○ 대표이사 홍길동이며, 주소는 ○○○○○, 전화번호는 ○○○입니다. 안녕히 계십시오.

여론조사 관련 선거법

1. 선거 관련 여론조사 결과 왜곡 공표 또는 보도 금지 (법 §96)

- 누구든지 선거에 관한 여론조사결과를 왜곡하여 공표 또는 보도할 수 없음.
- 방송·신문·통신·잡지 그 밖의 간행물을 경영·관리하는 자 또는 편집·취재·집필·보도하는 자는 다음에 해당하는 행위를 할 수 없음.
  - 특정 후보자(후보자가 되려는 사람 포함. 이하 이 표에서 같음)를 당선되게 하거나 되지 못하게 할 목적으로 선거에 관하여 허위의 사실을 보도하거나 사실을 왜곡하여 보도 또는 논평을 하는 행위
  - 여론조사결과 등과 같은 객관적 자료를 제시하지 아니하고 선거 결과를 예측하는 보도를 하는 행위

2. 여론조사실시 사전신고 (법 §108③④)

- 누구든지 선거에 관한 여론조사(공표·보도 목적으로 하지 아니하는 여론조사 포함)를 실시하려면 여론조사의 목적, 표본의 크기, 조사지역·일시·방법, 전체 설문내용 등 선거여론조사기준으로 정한 사항을 여론조사 개시일 전 2일까지 관할 선관위에 서면으로 신고하여야 함.

  다만, 아래에 해당하는 자는 신고대상에서 제외됨.
  - 제3자로부터 여론조사를 의뢰받은 여론조사 기관·단체(제3자의 의뢰 없이 직접 하는 경우 해당 여론조사기관·단체가 신고)
  - 정당(창당준비위원회와 「정당법」제38조에 따른 정책연구소 포함)
  - 방송사업자, 전국 또는 시·도를 보급지역으로 하는 신문사업자, 정기간행물사

업자, 뉴스통신사업자 및 이들이 관리·운영하는 인터넷언론사

— 전년도 말 기준 직전 3개월간의 일일 평균 이용자 수가 10만 명 이상인 인터넷 언론사(중앙선거여론조사공정심의위원회가 별도 공표)

→ 여론조사실시신고 관할 선관위(규칙 §48의4①) : 관할 구·시·군 선관위

- 관할 선관위는 여론조사실시신고 내용이 선거여론조사기준을 충족하지 못한다고 판단되는 때에는 여론조사실시 전까지 보완 요구할 수 있으며, 보완요구에 이의가 있는 때에는 관할 선거여론조사공정심의위원회에 서면으로 이의신청을 할 수 있음.

3. 여론조사(공표·보도 목적 불문)시 준수사항 (법 §108⑤)

- 누구든지 선거에 관한 여론조사를 하는 경우 피조사자에게 여론조사기관·단체의 명칭과 전화번호를 밝혀야 하고, 당해 조사대상의 전 계층을 대표할 수 있도록 피조사자를 선정하여야 함.
- 특정 정당 또는 후보자에게 편향된 어휘나 문장을 사용하여 질문할 수 없음.
- 피조사자에게 응답을 강요하거나 조사자의 의도에 따라 응답을 유도하는 방법으로 질문하거나, 피조사자의 의사를 왜곡할 수 없음.
- 오락 기타 사행성을 조장할 수 있는 방법으로 조사할 수 없음.
- 피조사자의 성명이나 성명을 유추할 수 있는 내용을 공개할 수 없음.

4. 선거에 관한 여론조사의 결과 공표 시 준수사항 (법 §108⑥⑦)

- 함께 공표·보도해야 할 사항 : 선거여론조사기준으로 정한 사항
- 여론조사 관련자료 보관
  - 주체 : 선거에 관한 여론조사를 실시한 기관·단체

- 대상 : 조사설계서·피조사자선정·표본추출·질문지작성·결과분석 등 조사의 신뢰성과 객관성 입증에 필요한 자료와 수집된 설문지 및 결과분석자료 등 해당 여론조사와 관련 있는 자료 일체
- 기간 : 해당 선거의 선거일 후 6개월까지
· 중앙선거여론조사공정심의위원회 홈페이지 등록
- 주체 : 여론조사를 실시한 기관·단체
- 요건 : 선거에 관한 여론조사결과를 공표·보도하려는 때
  → 이 경우 여론조사를 의뢰한 자와 여론조사를 실시한 기관·단체가 다르면 여론조사를 의뢰한 자는 여론조사를 실시한 기관·단체에 여론조사결과의 공표·보도 예정일시를 통보하여야 함.
- 기한 : 공표·보도 전
  → 여론조사를 실시한 기관·단체가 공표·보도 예정일시 통보 받은 경우 통보 받은 예정일시 전
- 등록대상 : 선거여론조사기준으로 정한 사항

5. 여론조사 실시 및 결과 공표·보도 관련 금지사항 (법 §108⑧)

· 금지대상 : 누구든지
· 금지행위
- 중앙선거여론조사공정심의위원회 홈페이지에 등록되지 아니한 선거에 관한 여론조사결과를 공표 또는 보도하는 행위
- 선거여론조사기준을 따르지 아니하고 공표 또는 보도를 목적으로 선거에 관한 여론조사를 하거나 그 결과를 공표 또는 보도하는 행위

6. 선거여론조사 왜곡행위 금지 (법 §108조⑪)

- 주체 : 누구든지
- 금지행위
  - 당내경선을 위한 여론조사결과에 영향을 미치게 하기 위하여 다수의 선거구민을 대상으로 성별·연령 등을 거짓으로 응답하도록 지시·권유·유도하는 행위
  - 선거에 관한 여론조사결과에 영향을 미치게 하기 위하여 둘 이상의 전화번호를 착신 전환 등의 조치를 하여 같은 사람이 두 차례 이상 응답하거나 이를 지시·권유·유도하는 행위

7. 선거에 관한 여론조사결과 공표 금지 (법 §108조①)

- 누구든지 선거일 전 6일부터 선거일의 투표마감시각까지 선거에 관하여 정당에 대한 지지도나 당선인을 예상하게 하는 여론조사(모의투표나 인기투표에 의한 경우 포함)의 경위와 그 결과를 공표하거나 인용하여 보도할 수 없음.
  - → 다만, 텔레비전방송국, 라디오방송국, 일간신문사는 선거 결과를 예상하기 위하여 선거일에 투표소로부터 50미터 밖에서 투표의 비밀이 침해되지 않는 방법으로 선거인을 대상으로 질문할 수 있으며, 이 경우 투표마감시각까지 그 경위와 결과를 공표할 수 없음.

8. 휴대전화 가상번호를 사용한 선거여론조사 (법 §108의2)

- 선거여론조사기관이 공표 또는 보도를 목적으로 전화를 이용하여 선거에 관한 여론조사를 실시하는 경우 휴대전화 가상번호를 사용할 수 있음.
- 방법 : 선거여론조사기관이 휴대전화 가상번호 제공 요청서를 작성하여 관할 선

거여론조사심의위원회로 제출

- 요청기간 : 해당 여론조사 개시일 전 10일까지

9. 여론조사 비용의 선거비용 산입 (법 §120)

- 후보자(후보자가 되고자 하는 자 포함)가 선거법 제60조의2 제1항에 따른 예비후보
  자등록신청 개시일부터 선거일까지의 기간 동안 4회를 초과하여 실시하는 선거
  에 관한 여론조사비용은 선거비용으로 봄.

(3) 경쟁 후보자 분석 — 경쟁자를 알아야 이긴다

선거에서 상대방과 차별화하고 자신의 장점을 부각하면 득
표로 이어질 수 있다. 그러기 위해서는 경쟁 후보자의 장단점을
파악해야 한다. 경쟁 후보자에 대한 신문기사, 이전의 선거공
보, 사회활동 내역 등을 꼼꼼히 수집하고 정리해야 한다.

자신에게 했던 장단점 평가 방식을 그대로 경쟁자에 적용하
여 해 본다. 만약 유력 경쟁 후보자가 현역 단체장(의원)이면 그
에 대한 평가를 지역 사람들로부터 직접 들어보고, 단체장(의
원) 활동을 하면서 중요한 결정을 내리거나 정책을 마련할 때
어떠한 입장을 취했는지 자세히 조사한다. 법안에 대한 찬반 여
부, 일관성 없는 행동, 의회 출석률 및 회의록, 경쟁 후보자의 인
터뷰기사 등도 찾아봐야 한다.

경쟁 후보자와 선거를 치러본 적이 있는 후보자 및 캠프의
성원을 만나 경험담을 들어보는 것도 중요하다. 아울러 경쟁 후
보자의 지지 기반은 어떠한 사람 및 단체로 이루어졌는지 조사
해 보고, 마지막으로 공적인 직위를 개인적인 용도로 활용한 적
이 있는지, 전 선거에서 제시한 공약사항을 얼마나 이행했는지,
기업의 로비로 물의를 일으킨 적이 있는지, 거짓말을 한 적이
있는지 등을 파악해야 한다.

경쟁 후보자 조사 항목

1. 예상 경쟁 후보자에 대한 일차적 분석
- 장단점 및 강·약점, 허점 분석
- 예상 선거 전략, 선거테마 또는 이슈 분석
- 경쟁 후보자의 인물, 경력, 정견, 예상 공약 등 파악
- 경쟁자의 인맥과 학연, 자금, 조직 등 인적, 물적 자원 파악

2. 경쟁자와 대비한 후보자의 이미지 포지셔닝
- 소속 정당이 경쟁 후보자에게 주는 영향

3. 예상 경쟁 후보자의 득표력 분석
- 현 상황에서 예상 득표력
- 주요 지지 지역 또는 계층
- 예상 표적 유권자
- 최대/최소 득표력 시뮬레이션

(4) 우리 후보자 분석 — '나'를 알아야 한 걸음 더 나아갈 수 있다

최근의 선거 캠페인이 과거와 크게 차이가 나는 것 중의 하나는 마케팅 개념을 선거 캠페인에 적용시키고 있다는 점이다. 마케팅이란 우선 소비자의 입장에서 그들의 요구를 정확히 파악한 후 이를 충족시킬 수 있는 상품을 개발하여 제공하는 것을 말한다. 이것을 선거에 대비시켜 보면 <u>선거 캠페인은 후보자라는 상품을 유권자라는 소비자에게 판매하는 것이다.</u>

어떤 상품을 개발하여 소비자에게 판매한다고 할 때, 그 상품의 특성을 명확히 인식하고, 무엇을 집중적으로 부각하여 소비자들의 구매욕을 이끌어 낼 것인가는 매우 중요하다. 선거에서도 마찬가지이다. 후보자의 특징, 즉 후보자의 성장과정, 경력, 외모(이미지), 장단점, 정치비전 등을 제대로 파악하고 분석해야 한다.

① 후보자 인터뷰를 진행하라

후보자를 잘 알기 위해서 캠프의 핵심 참모, 또는 해당 선거 컨설턴트가 반드시 진행해야 할 것이 후보자 심층 인터뷰이다. 예를 들면 백문백답 형식의 질문지를 만들거나, 후보자에게 분야별로 질문을 던지고 이를 녹취하여 분석하는 방법이 있다. 인

터뷰 전에 후보자에게 질문지를 주고 답을 적어서 제출하도록
하면 좋을 것이다.

후보자의 인간적인 면을 파악하여 후보자 '스토리'를 만드는 것
역시 후보자 인터뷰에서 빠뜨려서는 안 되는 부분이다. 이에 대해
서는 7장에 실은 후보자 인터뷰 예시 자료를 참조하기 바란다.

② 우리의 준비 정도를 점검하라 : 인력과 재정

후보자와 캠프가 스스로를 제대로 알지 못하고는 선거운동
의 전략을 수립할 수 없을 뿐만 아니라, 승리의 길로 한 걸음 다
가설 수 없다. 후보자의 현재 인적·물적 자원을 면밀하게 점검
하고 이에 기반하여 최대한 동원 가능한 자원을 판단해야 한다.
자신의 능력 밖의 선거운동은 할 수도 없고, 해서도 안 되기 때
문이다.

그렇다면 무엇을 분석하고, 점검해야 할 것인가.

특히 재정 모금과 관련하여 가장 먼저 할 일은 미리 예산을
짜보고 동원가능한 자금의 규모를 분석해 보는 것이다. 예산편
성은 자금을 효율적으로 쓸 수 있도록 할 뿐만 아니라 후보자
자산 및 친지·지인 등으로부터 자금 조달, 후원금 모금 등을 어
느 정도로 동원할지 구체적인 계획을 수립하기 위해서 반드시
필요하다.

인적 자원 조사 항목	물적 자원 조사 항목 — 재정

• 선거구의 소속 당원 수(열성·참여 당원)
• 우호적 주민조직 현황 및
  선거참여 가능성
• 선거운동 참여 가능 인원 및 명단
• 자원봉사자 확보 인원 및 명단
• 지금까지 확보된 연고자 명단
	• 후보자의 재정 상태 및 가용 자금
	• 친지·친구·지인 등으로부터
	  '자금조달 가능성 및 예상금액
	• 후보자 후원회 등을 통한
	  후원금 예상금액

③ 후보자의 이미지 포지셔닝 — 우리(후보자)는 무엇을 보여줄 것인가

앞서 이야기한 바 있듯이 선거를 통해 유권자에게 다가가기까지 세 단계를 거친다. 첫째, 후보자(당)를 알리는 단계(인지도), 둘째, 후보자의 장점으로 유권자를 설득하는 단계(호감도), 셋째, 유권자들이 후보자에게 투표하도록 하는 단계(지지도).

따라서 선거운동 준비에서 가장 기본적인 것 중 하나가 후보자의 장단점을 파악하는 것이다. 어떤 후보자나 성격, 성장 배경, 경험, 프로필 등에서 장단점이 있게 마련이다. 세상에 완벽한 후보자란 없다. 장점은 살리고 단점은 줄이는 계획을 세워야 한다. 본인에 대해서는 아무래도 주관적이기 쉽기 때문에 주변의 객관적인 평가를 받는 것이 좋다. 정확한 자기진단을 위해

후보자 조사 항목

1. 후보자에 대한 1차 자료 분석

- 소속 정당의 선거 전략과 후보자의 정치적 상황
- 선거운동 전개에 있어서 선거법의 제약
- 후보자의 개성, 경력, 정견에 대한 분석

2. 후보자의 선거운동 자원 분석

- 활용 가능한 조직현황
- 후보자의 인적 자원(배우자 및 가족, 친인척 및 지인, 사조직)
- 조직상황 분석
    - 가동 가능한 조직의 역동성은 어느 정도인가?
    - 정보 수집 능력은?
    - 후보자를 보필할 수 있는 참모진의 맨파워는?
    - 우리 조직이 경쟁자에 비해 가지는 강점과 약점은?
- 자금력 분석(선거 기간 동안 운용 가능한 자금 및 자금 동원력은?)

3. 후보자의 득표력 분석

- 현 상황에서의 예상 득표력
- 주요 지지 지역 또는 계층
- 예상 표적유권자

- 최대/최소 득표력 시뮬레이션
- 소속 정당이 후보자에게 주는 영향
- 종합적 표 분석
  - 고정표 : 혈연, 당원 등의 한정표
  - 조직표 : 조직력을 통해 얻어지는 표
  - 지지표 : 동창회, 친구, 사업상 이해관계 등의 표. 안정성과 윤곽이 뚜렷한 표
  - 동정표 : 군중심리가 작용하는 표. 인기와 관계 있음. 변화가 심함.
  - 부동표 : 조직의 힘이 미치지 못하는 표. 이의 흡수 위한 인기 창조 필요.
  - 반대표 : 경쟁 후보자의 고정, 조직, 지지표. 아예 포기해야 함.
  - 기권표 : 정치 무관심, 불만층

후보자 이미지 포지셔닝 전략

후보자 세일즈 포인트 설정

출마 동기, 이유

개인 이미지 정리

살아온 길 정리 / 후보자 인물 평가

정책 및 이슈와 후보자 일치 전략

정책 및 이슈 결정

캐치프레이즈, 슬로건 확정

장점과 단점을 구체적인 목록으로 작성하여 검토하는 방법도 고려해 볼 만하다.

후보자에 따라서 내세울 만한 장점이 뚜렷하지 않거나 상대 후보자와 비교해서 나을 것이 없다고 판단될 경우도 있다. 이럴 때에는 반드시 인물 중심의 선거를 할 필요가 없다. 과감히 소속 정당의 정책과 이슈를 중심으로 선거를 치르자는 결단을 내려야 한다.

3. SWOT 분석 및 대응전략 수립

(1) SWOT 분석

선거 전략을 세울 때 <u>SWOT 분석은 반드시 거쳐야 할 필수적인 단계이다. 후보자의 내부 환경을 분석하여 강점Strength과 약점Weakness을 찾아내고, 선거를 둘러싼 외부 환경을 분석하여 기회Opportunity요인과 위협Threat요인을 조사하는 것이다.</u> 이를 바탕으로 긍정적인 면을 보는 강점과 기회요인, 반대로 위험을 불러오는 약점과 위협요인을 저울질하여 강점은 더욱 살리고 약점은 제거하며, 기회요인은 적극 활용하고 위협요인은 억제하고 대비하는 선거 전략을 수립한다.

예를 들면 정세의 변화, 즉 양극화의 심화, 남북관계의 변화, 정치권의 각종 스캔들과 소속 정당의 지지 현황 등 객관적 조건과 후보자의 개인 장단점 및 지역 후보자 구도 등을 면밀히 분석하면 앞으로 무엇을 중심으로 선거운동을 해 나갈지, 어떠한 대립구도를 형성해야 할지를 파악할 수 있다.

　SWOT 분석을 진행할 때 유의해야 할 점이 있다. 간혹 강점과 기회, 약점과 위협을 잘 구분하지 못하는 경우가 있다. 강점과 약점은 후보자의 내부적인 환경, 즉 내가 잘하는 것과 못하는 것을 말하는 것이고, 기회와 위협은 해당 선거를 둘러싼 외부적인 환경, 즉 지금 환경에서 유리한 점과 불리한 점을 말하는 것이다.

　SWOT 분석을 문서로 보관만 해서는 안 된다. 「선거 전략 기획서」에 그럴듯하게 정리해 놓고, 실제 활용하지 않는 경우가 허다하다. SWOT 분석은 전략을 수립하기 위해 하는 것이다. 강점과 약점, 기회와 위협요인을 교차시켜 다양한 전략을 세우고, 전략 실행의 우선 순위를 정해 선거 캠페인에 활용해야 한다.

SWOT 분석과 선거 전략

- 적극적(SO) 전략 — 강점을 살리고 기회요인을 결합하는 전략
- 국면전환(WO) 전략 — 기회요인을 살려 약점을 극복하는 전략
- 다각화(ST) 전략 — 강점을 통해 위협요인을 제거하는 전략
- 방어적(WT) 전략 — 약점과 위협요인을 모두 극복하는 전략

내부 역량 / 외부 환경	강점 (S)	약점 (W)
기회요인 (O)	적극적 전략 (SO)	국면전환 전략 (WO)
위협요인 (T)	다각화 전략 (ST)	방어적 전략 (WT)

(2) SWOT 분석 및 전략 수립 예시

SWOT 분석 및 전략 수립의 예를 들어보자. 2016년 총선에 내가 진행했던 분석이며, 후보자는 현역 의원에 맞선 시민운동가 출신의 정치 신인이었다. SWOT 분석 및 전략 수립을 위해 ARS 여론조사 3회, FGI 4개 그룹 진행, 후보자 심층 면접 인터뷰 2회를 실시했다.

네 가지 전략을 세운 후 빠뜨려서는 안 되는 중요한 과정이 네 가지 상이한 전략을 어떤 순서로 적용할 것인가를 정하는 일이다. 이는 현재 선거를 둘러싼 정치 환경과 더불어 후보자와 캠프의 상황과 역량을 고려해서 결정해야 한다.

내부 역량 / 외부 환경	강점 (S)	약점 (W)
	• 시민운동 활동 경력 • 깨끗함, 도덕성 우위 • 정치적 소신, 식견 풍부 • 소통과 갈등 조정 능력	• 인적, 물적 역량의 미비 • 인지도, 호감도 부족 • 유약한 이미지 • 정치적 경력의 부족

기회요인 (O)
 	
• 현역의원의
  낮은 업무 평가
• 현역의원의 각종 스캔들
• 정권교체의 대중적 열망
• 기타 후보자의
  상대적 열세
	적극적 전략 (SO)
	
	인물론 적극 제기
	• '정권교체+인물교체'
	  동시 병행
		국면전환 전략 (WO)
		
		서민 생활 이슈 캠페인 진행
		• 능력 있는 서민 대표
		  이미지 강화

위협요인 (T)
 	
• 상대 후보자
  현역 프리미엄
• 민주당 내 갈등과
  분열 지속
• 호남신당 창당과 바람
• 새누리당 후보자
  강세 지속
	다각화 전략 (ST)
	
	조속한 선거운동
	조직체계 구축
	• 광범위한 자문단 +
	  팬클럽 구축
	• 분야별 지지 선언
	  조직화
		방어적 전략 (WT)
		
		• ○○○ 대안론
		→ ○○○ 대세론

전략 추진의 우선 순위 결정 예시

| 제1순위 | 국면전환 전략 : 서민 생활 이슈 + 대중적 캠페인 |

+

| 제1순위 | 다각화 전략 : 선거운동체계의 조속한 구성 |

↓

| 제2순위 | 적극적 전략 : 정권 교체 + 인물 교체 동시 병행 |

↓

| 제3순위 | 방어적 전략 : 'ㅇㅇㅇ 대안론' → '◇◇◇ 대세론' |

4. 선거 기본전략 수립

선거 기본전략은 선거 전략 수립에서 기초적인 단계인 '상황
분석'과 'SWOT 분석 및 대응전략'을 기본으로 하여 수립한다.
크게 다섯 항목으로 정리할 수 있는데 첫째, 선거 목표의 수립,
둘째, 선거 구도전략 수립, 셋째, 표적집단 설정 및 전략 수립,
넷째, 선거 이슈전략 수립, 다섯째, 선거테마의 수립이다.

(1) 선거 목표의 수립

선거에서 승리하기 위한 전략을 세우기 위해서는 우선 목표
가 명확해야 한다. 목표가 명확하지 않으면 좋은 전략이 나올
수 없다. 또한 선거 목표에 따라 인력, 재정 등의 동원과 배분이
달라진다.

목표는 막연하게 정리하는 것이 아니라 구체적으로 목표 득
표수를 정하는 것이 좋다. 목표 득표수를 투표구별로 세분화하
여 후보자 및 선거운동원들이 상황평가와 함께 구체적으로 무
엇을 해야 할지 결정하고, 행동할 수 있도록 해야 한다. 아울러
선거를 통해 얻어야 할 정치적·조직적 목표를 함께 정리하는
것이 좋다.

그렇다면 득표 목표는 어떻게 정할 것인가. 해당 선거구의 역대 선거 득표율과 소속 정당 지지도 등을 고려해서 최대치와 최소치 득표수와 득표율을 정한다. 가능하면 투표구별(또는 동별)로 지난 선거의 득표율을 분석한다. 그러면 우리에게 표가 많이 나오는 지역과 그렇지 않은 지역을 예측할 수 있고, 어느 지역을 집중적으로 공략해야 할지 알 수 있다. 지속적인 여론조사를 통해 지지율 추이를 분석하고 상황에 맞게 득표 목표를 수정하는 것도 잊어서는 안 된다.

(2) 선거 구도전략의 수립 — 선거 '판'을 어떻게 짤 것인가?

선거는 구도이다. 선거 구도를 어떻게 형성하느냐가 선거운동의 60% 이상을 차지한다는 말이 과언이 아닐 정도로 선거에서 구도는 중요하다. 선거 구도에 따라 선거의 테마, 메시지, 상대 후보자 공격 지점 등이 결정된다.

선거 구도는 대략 세 가지로 나눠볼 수 있다.

첫 번째, 정당-정치 구도이다. 우리가 가장 쉽게 접하는 구도라고 할 수 있다. 이를테면 반反박근혜(또는 노무현), 반反새누리당 등으로 드러난다.

두 번째, 후보자 간 구도이다. 예를 들면 '일여 vs 다多야' 구도이다. 이 경우 야당은 후보자 구도에서 불리함을 극복하기 위해

선거 득표 목표 수립 항목

① 득표 목표수

　득표 목표수 = 유권자(명) × 예상투표율(%) × 득표 목표(%)

② 인지도 증가 (예 : 50%→70%)

③ 호감도 증가 (예 : 30%→50%)

④ 목표 핵심 지지자 명부 (각 지역별 구분, 사회·인구학적 구분, 각종 단체별 구분)

⑤ 단체 포섭 (예 : 시민단체, 노동단체, 청년단체, 학생단체 등)

⑥ 당 내부 조직 결성 (특성 및 규모별 구분)

소위 '야권 후보자 단일화'를 추진하게 된다.

마지막으로 이슈를 통한 구도이다. '증세 vs 감세'와 같이 유권자의 표를 가르는 핵심 이슈를 통해 구도가 형성되는 것을 말한다.

후보자와 캠프는 세 가지 중 어느 구도를 형성해야 자신에게 유리할지를 판단하고, 구도 전략을 세워야 하는데, 핵심은 '나'를 더 크게 만들고 상대방의 정치적 영역을 축소시키는 것이다. 또 하나는 선자선승先者先勝의 법칙이다. 즉, 먼저 구도를 선점해야 한다는 것이다. 구도를 선점하면 유권자에게 우리 후보자의 우월성을 상대방보다 먼저 확신시킬 수 있다. 특히 상대 후보자보다 먼저 구도를 장악하게 되면 상대방의 대응을 예상하고 빨리 의사 결정을 내리고 행동할 수 있는 장점이 있다. 자신이 형성한 구도에 상대방이 들어오게 해야 한다. 상대 후보자가 형성한 구도에 들어가서는 이길 수 없다는 것을 명심하자.

예를 들어보자. 후보자 A는 2016년 총선에 출마했다. 유력한 경쟁 상대였던 상대 후보자는 다선多選의 현역 의원이었다. A후보자는 '새 인물 vs 낡은 인물' 선거 구도를 형성했다. 상대적으로 열세인 조직력과 인지도를 극복하기 위해 상대 후보자의 의정활동에서 문제점을 치밀하게 파고들었다. 주요 법안에 대한 애매모호한 태도, 말 바꾸기 등을 집중적으로 공략했고, 이를 '낡은 정치'의 구태의연한 행태로 낙인찍었다. 또한 자신을 새로운 인물로 부각하기 위해 20~30대의 젊은 유권자와의 만남을 이벤트로 만들어서 SNS에 지속적으로 올리고, '젊음', '변화', '깨끗함'이 두드러지는 인쇄 홍보물과 웹 홍보물을 제작했다. 그 결과 A후보는 놀랄 만한 '역전극'으로 2016년 총선에서 승리했다.

(3) 표적집단 선정 및 전략 수립 — 누구에게 말할 것인가?

선거운동을 하면서 모든 유권자를 만날 수는 없다. <u>유권자를 세분화하고 선거 결과에 결정적인 역할을 할 수 있는 표적집단에 후보자와 캠프의 자원과 역량을 집중하는 것이 필요하다.</u> 절대적 반대자나 절대적 지지자에 대한 역량 투입을 자제하고, 지지와 중립의 중간 입장에 서 있는 유권자(유동표—최종적으로 후보자를 결정한 것은 아니지만 현재는 누구를 찍겠다고 대답한 유권자)와 잠재적 지지자(각종 여론조사 및 역대 선거 결과 등을 고려할 때 지지 가능성이 높은 계층 또는 지역), 즉 표적집단의 유권자에게 집중해야 한다.

표적유권자는 인구 통계학적 세분화(성별, 연령별, 소득, 교육 수준, 직업 등), 지리적 위치 등에 기반하여 지역별 세분화(가능하면 투표구 수준까지), 사회 심리학적 세분화, 정치적 태도와 소속 단체에 따른 행동적 세분화 등으로 나누어 볼 수 있다.

유권자 세분화의 종류

- 인구 통계학적 세분화
  - 성별, 연령별, 라이프 사이클, 소득, 교육 수준, 직업 등으로 세분화
- 지리학적 세분화
  - 지역, 시/군 규모, 인구 밀도, 기후 등에 의해 세분화하는 방법
  - 보통 투표구별 세분화, 지역별 세분화가 주로 사용
- 사회 심리학적 세분화
  - 사회·경제적 수준
  - 라이프스타일에 의한 세분화, 개성에 의한 세분화
- 행동적 세분화
  - 유권자들이 선거나 정당, 후보자들에 대해 가지고 있는 정치적 태도, 반응을 기초로 구분
  - 정치관심도, 투표참여도, 후보자 인지도, 후보자 지지도, 정당 지지도, 정당 충성도, 지지 성향 등
  - 지지 단계에 의한 세분화 (인지단계, 흥미단계, 선호단계, 지지단계, 충성단계)

유권자 세분화의 방법

- 1단계 : 지지 계층과 비(非)지지 계층을 구분
- 2단계 : 그중에서 잠재 유권자(유동층)의 분포를 검토
- 3단계 : 부동 유권자의 속성을 검토한 다음 자신의 지지자로 선회가 가능한 잠재적 지지자를 최종 선별
- 4단계 : 잠재적 지지자의 세분화, 집단별 숫자를 추산하여 가장 많은 곳에서부터 우선 순위를 결정
- 주의사항
  - 최종 단계에서 표적집단의 예상 투표율, 경쟁자에 대한 선호 잠재성 등을 필수적으로 검토
  - 그 집단이 실재하는가, 접근 가능한 집단인가의 판단도 필수적
  - 과대 혹은 과소 평가하고 있지는 않은가?

표적집단의 선정은 마케팅 전략의 핵심인 STP전략을 활용
한다. STP 전략은 유권자 세분화Segmentation, 표적집단 선정Target-
ing, 포지셔닝Positioning의 세 단계로 구분된다.

 STP 전략을 세우기 위해서는 표적집단을 선정하고, 각 표적
집단별로 구체적인 득표 계획이 잡혀 있어야 한다. STP 전략의
실제 활용에 대해서는 2014년 전북 교육감 선거에서 재선에 도
전했던 김승환 후보자의 '표적집단 투표전략'을 참조하기 바
란다.

STP 전략을 이용한 표적집단 선정 및 전략 수립 과정

유권자 세분화 (Segmentation)

- 일정한 기준에 의해 몇 개의 동질적인 유권자 집단으로 구분
- 인구통계적 변수, 지리적 변수, 행동적 변수 고려
- 유권자의 요구 파악 (정책조사·여론조사 등)

표적집단 선정 (Targeting)

- 집중 공략해야 할 유권자 집단 선정 (성·연령·지역·직업 등)
- 표적집단에 대한 핵심 이슈 및 메시지 선정

포지셔닝 (Positioning)

- 잠재 고객의 마인드에 해당 상품의 위치를 잡아주는 것
- 유권자들에게 우리 후보를 선택해야 할 이유를 주는 것
- 이를 위해서는 유권자의 인식을 파악하고, 단순화해야 함

2014년 전북 교육감 선거 표적집단 투표전략 — 구체 계획

정치적 표적집단 ➡ 진보적 + 합리적 중도 성향 유권자

- 민주진보 단일교육감론 + 준비된(검증된, 안정된) 현직 교육감
- '모두를 위한 전북교육 vs 1%만을 위한 경쟁특권교육'
  정책 이슈 구도 설정
- 범야권 단일한(공동의) 선거 대응을 통한 핵심 지지층 결집

조직적 표적집단 ➡ 민주진보 정당, 사회단체 성원

- 선거 참여 및 주변 조직화 캠페인 전개
- 이들을 통한 구체적인 지지 가능 명부 확보와 후속 조직화 사업
  (문자, SNS 등) 진행
- 민주진보 진영 주요 부문별 인사들의 지지 선언 조직화 :
  우리 후보라는 인식 강화

계층별 표적집단 ➡ 30대, 40대 학부모(주부)층

- 교육문제의 민감성 등을 고려하여
  공교육 혁신, 사교육비 절감 등에 대한 정책 캠페인 전개
- 조직 차원을 통한 구체적인 지지 가능 학부모 명부 확보 및
  메시지 전달
- 후보자의 인간적인 매력 부각 필요함

공략지역 선정 — TS 분석

해당 선거구 내에서 공략지역을 선정하는 데 가장 많이 쓰이는 분석 방법으로 TS(Ticket-Splitter) 분석이 있다. 이는 적어도 2개 이상의 과거 선거 결과에 기초하여, 지지정당을 바꾼 유권자의 수를 비교해서 유동표(지지정당을 바꾼 유권자)가 많은 지역을 집중 공략지역으로 선정하는 방법이다. 이러한 유동표는 정당보다는 후보자를 보고 투표하는 경향이 있기 때문에, 선거운동의 주요 타깃이 된다.

공략지역 선정 공식은 매우 간단하다. 특정 정당이 과거 선거에서 '가장 많이 득표한 비율에서 가장 적게 득표한 비율을 빼'고 이 수치가 가장 높은 지역이 우선적으로 공략해야 할 타깃 지역이 된다.

· TS 분석 공식 =
   과거 선거 중 A정당의 최고 득표율 — 과거 선거 중 A정당의 최저 득표율

가상의 지역에서 A정당의 역대 선거 득표율을 비교해 보자.

지역	2년 전 국회의원 선거	4년 전 지방선거	TS (순위)
'가'동	20%	45%	45~20=25% (1)
'나'동	30%	45%	45~30=15% (2)
'다'동	40%	30%	40~30=10% (3)
'라'동	50%	45%	50~45=5% (4)

TS 분석에 따르면 유동표 비율이 가장 높은 '가'동이 첫 번째 공략지역이 된다. 규모가 작은 선거의 경우 투표구까지 분석하면 더욱 정교하게 공략지역을 확인할 수 있다.

(4) 선거 이슈전략의 수립 — 무엇을 말할 것인가? [1]

    일반적으로 선거 이슈는 정당이나 후보자들이 유권자들의 투표 선택에 영향을 미치기 위해 제시하는 정치와 정책, 그리고 후보자에 관한 논쟁점이다. 유권자는 선거 과정에서 제기되는 정당이나 후보자의 이슈 포지션과 자신의 입장 간의 거리감에 따라 투표를 하게 되는데, 그 간격이 좁을수록 유권자가 느끼는 정치적 효용은 높아지고, 유권자는 그 후보자에게 투표할 가능성이 높아진다.

    <u>선거에서 이슈에는 정치적 이슈, 정책적 이슈, 후보자 개인의 이슈 등으로 나눌 수 있다.</u> 정치적 이슈의 대표적인 예는 소위 '정권 심판론', '지역주의 공방' 등을 들 수 있다. 정책적 이슈는 노무현 후보자의 '행정수도 이전', 이명박 후보자의 '대운하 건설', 2012년 총선에서 '무상급식' 등이 대표적이다. 후보자 개인의 이슈는 이회창 후보자의 '아들 병역비리' 문제를 들 수 있다.

    대부분의 유권자는 수많은 공약이 아니라 한두 가지 이슈에 주목하여 자신의 입장을 결정하고 투표한다. 유권자는 세세한 공약보다는 그것이 정책과 관련된 것이건, 정치적 이슈이건 선거에서 쟁점으로 떠오는 핵심 이슈에 더 많은 관심을 가진다. 따라서 이슈를 선점하고, 자신을 중심으로 선거 구도를 만드는 것이 승리의 핵심적인 요소이다.

핵심 이슈는 다음의 네 가지가 충족되어야 한다

대중의 관심사여야 한다

선거에 영향을 미칠 수 있어야 한다

찬반이 분명히 나뉘어야 한다

주도권을 쥘 수 있어야 한다

이슈는 다음의 네 가지 조건을 만족시켰을 때 비로소 선거에서 핵심 이슈가 된다. ① 대중의 관심사여야 한다. ② 선거에 영향을 미칠 수 있어야 한다. ③ 찬반이 분명히 나뉘어야 한다. ④ 주도권을 쥘 수 있어야 한다.

이 중에서 가장 중요한 것은 '대중의 관심사'이다. 그런데 유권자의 관심사라 할지라도 찬반이 나뉘지 않는 현안은 이슈가 될 수 없다. 만약 2002년 대선에서 노무현 후보자의 '행정수도 이전'에 대해 이회창 후보자가 강하게 반대하지 않고 두루뭉실 넘어갔다면 과연 '행정수도 이전'이 핵심 이슈가 되었을까. '무상급식'도 2010년 지방선거 당시 한나라당이 '공산주의'라는 말까지 써가며 반대했기 때문에 선거 결과에 큰 영향을 미치는 이슈가 된 것이다.

그렇다면 선거에서 이슈는 어떻게 개발하고 확산시켜야 하는가.

우선 예상 쟁점을 추출해야 한다. 이 단계에서는 이슈와 관련된 각종 자료와 정보를 광범위하게 수집하고 분석하면서, 후보자가 경쟁 후보자에 비해 우위를 차지할 수 있는지, 경쟁 후보자를 공격하더라도 역공의 가능성은 없는지 등을 함께 고려해야 한다.

다음으로 이슈의 내용을 확정해야 한다. 제기된 예상 쟁점들 중 선거에 영향을 미칠 수 있다고 판단되는 것을 가려내야

이슈 확정 및 확산의 과정

❶ 선거공간에서 예상 쟁점 추출

❷ 정책적 이슈, 정치적 이슈 분류

❸ 유권자 상황분석 → 유권자와의 호흡 일치 전략

❹ 최종적인 이슈 결정 :
Positive(예: 행정수도 이전), Negative(예: 박근혜 심판론)

❺ 이슈 확산의 방법 결정 :
메시지 확정, 사전 선거 활동의 중요성

한다. 그것이 정치적 이슈이건, 정책적 이슈이건 상관은 없다. 다만 이슈와 관련하여 경쟁 후보자의 반응을 예상할 수 있어야 한다. 경쟁 후보자가 대응하지 않는 이슈는 이슈로서 생명력을 잃게 된다.

이슈의 내용은 유권자가 실제 관심을 가질 수 있는 것이라야 한다. 이를 '유권자와의 호흡 일치 전략'이라고 하는데, 유권자가 관심을 가지지 않는 이슈는 성공할 수 없다. 선거 전략 수립 초반에 여론조사를 통해 반드시 이슈에 대한 대중의 관심도를 확인해 두어야 한다.

마지막으로 이슈를 제기하고 싸움을 시작해야 한다. 이때는 핵심 이슈와 후보자가 함께 떠오르도록 메시지를 만들어야 한다. 선거 기간 내내 한 가지 테마에 집중해서, '어느 후보' 하면 '무엇' 하는 식의 깊은 인상을 남겨야 한다. 특히 부동층에서 지지 또는 차선의 선택을 이끌어 내는 밑거름이 되기도 한다.

이슈를 제기하기 전과 후에 다음 항목에 따라 치밀하게 점검하고, 대응전략을 세워야 한다.

이슈 제기 전후의 점검 항목

이슈 제기의 원칙 점검	• 이슈 제기의 최적 시점은 언제인가? 　— 타이밍이 중요하다. 단계적, 전략적 시행이 필요하다. • 이슈는 자기에게 유리한 것인가? 　— 자신에게 유리한 이슈, 상대방에게 불리한 이슈를 　　제기하여야 한다. • 유권자의 호응이 기대되는 이슈인가? 　— 유권자의 호응이 있는 이슈는 더 구체화하고 다양화함으로써 　　이슈 제기자로서 명성을 굳게 하라. • 구체화된 이슈인가? 　— 각 지역이나 계층에 따라 이슈를 구체화시키라. • 유권자의 뇌리에 남을 만한 상징성이 있는가? 　— 상징성 있는 단어나 그림을 사용하면 훨씬 강도가 크다. • 이슈의 신뢰성은 있는가?
이슈 제기 후의 점검	• 경쟁 후보자가 이슈에 말려들고 있는가? 오히려 역공을 당하지는 　않는가? 　— 재빨리 제2의 이슈로 공세를 취하라. • 상대 후보자보다 강렬한 상징을 개발하여 계속 사용하고 있는가? 　— 이슈가 강해지면 상대 후보자가 새로운 이슈 제기를 할 엄두도 　　못내게 된다. • 이슈 제기를 당한 경쟁 후보자가 새로운 이슈를 제기하지는 않는가? 　— 새로운 이슈나 대응 이슈가 나올 때 정면 대응할지 아니면 　　무시할 지의 판단이 필요하다.

상대 이슈에 대한 대응전략

1. 대세에 지장이 없으면 무시하라: 무시 전략

상대의 이슈가 굳이 일일이 대응하지 않아도 대세에 지장을 주지 않는다고 판단되면 상대 공격에 굳이 반응할 필요가 없다. 오히려 상대 이슈에 대응하다보면 이슈가 커지게 되고, 상대를 도와주는 상황이 된다.

2012년 대선에서 이명박 후보자는 당시 정동영 후보자가 BBK 연루설을 제기하며, 후보자 사퇴까지 거론하면서 거세게 공격했음에도 불구하고 단 한 마디 "문제는 경제입니다"로 비켜 갔다. 무시를 잘하는 것도 이기는 길이다.

2. 돌아가는 것도 길이다: 우회 전략

상대 후보자의 네거티브 공격에 대해 정면대응하지 않고 우회적으로 대응하는 것도 방법이다. 상대의 공격에 바로 반박하는 것이 아니라 네거티브를 낡은 정치, 낡은 행태로 몰아붙이는 것이 필요하다. 대표적인 사례로, 2002년 대선에서 노무현 후보자는 이회창 후보자의 색깔론 공세에 일일이 대응하지 않고 이런 광고를 냈다. "한나라당 후보자는 낡은 20세기와 상대하십시오. 노무현은 21세기와 상대하겠습니다." 결국 돌아가는 것도 이기는 길이다.

3. 맞불을 놓을 때는 확실히 하라: 반박 전략

선거에서 상대의 네거티브 공세는 가능하면 무시하거나, 우회하는 것이 옳다. 하지만 상대의 공격이 쌓여서 유권자들이 사실과 다르게 공격 내용만을 기억하게 되면 결코 유리할 것이 없다. 이런 경우 반박하고 맞불을 놓더라도, 하려면 확실하게 해야 한다. 유권자들이 반박 내용을 확실히 인정할 수밖에 없도록 명백한 사실에 근거하여 상대방을 역공해야 한다. 상대방의 신뢰도를 떨어뜨려 '거짓말쟁이'로 만들 정도가 돼야 한다.

(5) 선거 콘셉트(메시지)의 수립 — 무엇을 말할 것인가? [2]

① 선거 콘셉트 수립 방법

유권자들은 후보자의 총체적인 이미지에 대한 판단에서 투표 여부를 결정한다. 표를 얻으려면 후보자는 유권자에게 전하고자 하는 포인트에 선거운동의 모든 힘을 집중해야 한다. 이 집중하고자 하는 포인트를 선거 콘셉트라고 하며, 선거 콘셉트를 표현하는 단어를 선거 테마라고 한다.

<u>선거 콘셉트는 단순해야 한다.</u> 욕심을 버려야 한다. 원칙은 '하나의 선거에 하나의 콘셉트'이다. 선거 콘셉트는 후보자의 특성과 어울려야 설득력을 가질 수 있다. 그리고 무엇보다도 표적집단과의 관련성이 높아야 한다. 표적 대상으로 선정된 유권자들의 지각과 요구에 맞는 콘셉트를 선정해야 관심과 호의를 유발하여 지지를 이끌어낼 수 있기 때문이다. 마지막으로 경쟁 후보자와 차별성이 있는 콘셉트여야 한다. 후보자와 잘 어울릴 뿐만 아니라 표적집단이 원하는 콘셉트이면서 경쟁자가 갖고 있지 않는 콘셉트여야 한다.

선거 콘셉트 설정의 네 가지 원칙

1. 후보자와의 관련성

유권자가 관심을 갖고 선호할지라도 후보자의 특성에 부합하지 않는 콘셉트는 설득력 없음.

2. 표적집단과의 관련성

표적 대상으로 선정된 유권자들의 지각과 요구에 알맞는 콘셉트를 선정해야 유권자의 관심과 호의를 유발하여 지지행동을 이끌어낼 수 있다. 이를 위해서는 유권자의 눈높이에서 콘셉트를 설정해야 한다.

3. 경쟁 후보자 선거 콘셉트와의 차별성

4. 독창성, 대중성

② 메시지 결정 및 확산 방법

이렇게 정한 선거 콘셉트를 유권자들에게 기억되는 한마디 말로 표현하는 것이 바로 '메시지'이다. 메시지는 후보자가 유권자들을 위해 무엇을 할 것인지, 자신은 누구인지를 아주 짧은 말(문자)로 표현한 것이다. 후보자는 자신의 메시지가 최대한 빠르게 전파되고 선거에 영향을 미치기를 바란다. 그렇다면 가장 기본적인 세 가지를 명심하자.

메시지는 짧아야 한다. 유권자의 입장에서 보면 선거는 후보자에 대한 정보가 홍수처럼 범람하는 시기이다. 엄청나게 쏟아지는 정보 속에서 어떤 것이 기억하기 쉽겠는가. 짧아야 한다. "후보자의 메시지는 6자 이상이면 안 된다"는 말이 있을 정도다. 역사적으로 확인된 성공적인 메시지는 모두 6자 이내였다. '청계천 복원', '행정수도 이전', '전국 대운하', '무상급식', '정권교체' 등 유권자들에게 익숙한 단어를 사용하여, 그들이 쉽게 기억할 수 있도록 해야 성공할 수 있다.

메시지는 선명해야 한다. 무엇을 말하고자 하는지가 명확하지 않으면 메시지로서의 생명력을 잃게 된다. 좋은 말을 이것저것 갖다 붙인다고 좋은 메시지가 되지는 않는다. 그리고 좋은 메시지는 반드시 반대가 있기 마련이라는 것을 잊지 말아야 한다. 반대를 두려워하지 말고 자신을 어떻게 유권자 속에 각인시킬 것인가만을 생각하자.

　메시지는 반복, 또 반복해야 한다. 메시지는 전파하려고 만드는 것이다. 선거 캠페인을 통해 일관된 기조의 메시지가 지속적으로 드러나야 확산될 수 있다. 지루하다고 멈춰서도 안 되고, 단순하고 우직한 태도로 똑같은 메시지를 반복해야 한다. 그래야 메시지가 생명력을 가지고 유권자들에게까지 자발적으로 전파된다.

③ 슬로건의 결정과 종류

　후보자와 캠프가 나 같은 선거 컨설턴트를 만날 때 가장 많이 요구하는 것 중 하나가 '쌈박한' 슬로건이다. 이럴 때가 선거 컨설턴트로서 가장 곤혹스러운 상황이다. 선거 컨설턴트는 '작명가'가 아니다. 단지 선거를 객관적으로 분석하고, 이기기 위한 길을 안내하는 사람이다. 그런데도 사람들은 일단 '전문가'라고 하면 뭔가 답을 가지고 있을 거라고 생각하면서 다양한 요구를 하게 된다. 물론 그 마음은 이해가 가고도 남는다. 하지만 훌륭한 슬로건이 하늘에서 떨어지듯이 나오는 것은 아니다.

　지금까지 대한민국 선거에서 최고의 슬로건이 무엇이었냐고 묻는다면 거의 대부분의 선거 전문가들은 1956년 제3대 대선에서 야당이 내건 '못살겠다, 갈아보자'라고 할 것이다. 이 슬로

슬로건의 종류

— 메인 슬로건 : 흔히 말하는 캐치프레이즈로, 선거 캠페인의 방향과 후보자가 당선되어야 할 이유를 제시. 예를 들면 노무현 대통령 후보자의 '새로운 대한민국', 이명박 후보자의 '국민성공시대' 등이다.

— 네임 슬로건 : 말 그대로 후보자의 이름 앞에 사용되는 슬로건으로, 후보자의 개인적 특성을 표현하거나 메인 슬로건을 반복 강조 또는 보완하는 역할을 한다. 노무현 후보자의 '국민 후보자', 김대중 후보자의 '준비된 대통령' 등이 대표적이다.

건이 최고의 슬로건이 된 것은 말을 잘 만들어서가 아니라, 당시 유권자(국민)의 상황과 정서를 가장 대중적인 언어로 표현했기 때문이다. 슬로건을 만들기 위해서는 선거 상황을 정확히 분석하고, 유권자의 요구와 후보자의 강점·약점, 경쟁 후보자와의 차별성 등을 치밀하게 정리해야 한다. 기본에 충실할 때만이 이길 수 있는 길이 보인다.

내가 지금까지 20년 가까이 선거 컨설팅을 하면서 가장 잘 만들었다고 스스로 생각하는 슬로건은 처음 만든 슬로건이다. 2000년 총선 당시, 지금은 더불어민주당의 강북을 국회의원으로 활동하는 박용진 후보의 슬로건이다. 당시 박용진은 서른 살의 젊은, 아니 '어린' 후보자였다. 이는 유권자의 관심을 불러일으킬 수 있는 요소이기도 했지만, 역으로 매우 불안정한 요소이기도 했다. 그가 속한 정당 역시 막 창당을 해서 선거에 뛰어든 민주노동당이었다.

내가 채택한 슬로건은 '젊은 진보 박용진'이었다. 유력 후보자가 70대를 바라보는 민주당의 조순형 후보자였던 상황에서 '젊다'는 점을 굳이 숨길 필요가 없다고 판단했고, 차라리 더욱 강조하는 것이 20~30대 젊은 개혁적 유권자층을 움직일 수 있어서 득표에 도움이 된다고 생각했다. 이를 보완할 네임 슬로건은 '감나무집 셋째 아들'이었다. 어린 시절부터 그 지역에서 초·중·고를 졸업하고 살아온 후보자의 이력을 부각하고, 어디서 갑자기 나타난 '듣보잡'이 아니라 동네 어른들로부터 신뢰받는 젊은 정치인이라고 이미지화한 것이다. 물론 당선되지는 못했다. 그러나 그 누구도 예상하지 못한 13.4%라는 높은 득표율을 기록했고, 그것이 이후 박용진이 국회의원이 되는 소중한 밑거름이 되었다고 확신한다.

이렇듯 슬로건은 ① 후보자의 강점과 상대의 약점을 대비시키거나, 후보자의 약점을 방어할 수 있어야 한다. ② 또한 표를 얻고자 하는 유권자층, 즉 표적집단에 대한 호소력이 있어야 한다. ③ 그리고 어떠한 슬로건이든 오직 후보자 자신만이 쓸 수 있는 것이어야 한다.

5

선거 실행 전략의
수립

1. 선거조직

선거에서 조직은 '있으면 좋은 것'이 아니라, '없으면 안 되는 것'이다. 아무리 뛰어난 후보자라 하더라도 제대로 된 조직이 없으면 당선을 바라볼 수 없다. 그러나 모든 후보들이 조직의 중요성은 알고 있지만, 실제 조직을 어떻게 꾸리고 만들 것인가에 대해서는 제대로 알지 못하는 경우가 많다. 더 큰 문제는 모른다는 것이 아니라, 조급해 하다가 실수할 수도 있다는 것이다. 조직은 어느 날 갑자기 만들어지는 것이 아니다. 단계별로 구체적인 계획을 치밀하게 만들고 실제 운영해야 한다.

(1) 참모조직 → 핵심조직 → 이슈조직

① 참모조직의 중요성과 구성

선거운동에서 조직의 첫 출발은 '참모조직'에서 시작한다. 모든 일이 그렇듯 첫 단추를 제대로 끼우는 것이 중요하다. '조직' 이라고 하면 뭔가 거대한 덩어리라고 생각하기 쉬운데, 실전에 서는 그렇지 않다. 후보자들이 일차로 해야 할 것은 자신의 '참 모조직'을 만드는 것이다. 이 참모조직은 선거운동 모든 과정에 서 가장 중심적인 역할을 담당해야 한다. 일명 'CT'Control Tower 이다. 선거에서 후보자가 참모를 잘못 기용하면서 낙선하는 사 례가 의외로 많다. 유능한 참모의 유무는 당락을 좌우한다고 해 도 과언이 아닐 것이다.

그렇다면 유능한 참모의 조건은 무엇인가. 우선 일을 잘하 고, 성실해야 한다. 거기에 선거운동체계에서 화합할 줄 아는 자세를 가지고 있다면 금상첨화일 것이다. 둘째로 후보자에게 'No'라고 말할 수 있는 사람이어야 한다. 후보자에 대한 확신이 있다면 잘못된 것을 잘못되었다고 지적할 수 있어야 한다. 셋 째, 리더십이 있어야 한다. 선거운동체계에서 책임을 맡고 있는 참모는 수많은 선거운동원들과 자원봉사자를 지휘해야 한다. 자기 일하기 급급해서 주변을 챙기지 못하는 참모는 선거운동 의 사기를 저하시킨다.

한편 가장 피해야 하는 참모조직은 친인척이 중심이 된 조 직, 또는 학연·지연이 중심이 된 조직이다. 친인척과 학연·지연 등으로 선거에 결합하는 사람들은 후보자에 대한 '충성도'는 매 우 높다. 하지만 확장성이 없다. 선거는 자신의 '표'를 늘려가는

참모조직의 구성 및 운영

- 참모조직은 선거운동본부장, 선거사무장, 회계책임자, 기획실장, 상황실장, 조직실장, 홍보실장, 수행(비서)팀장 등을 기본으로 선거운동체계의 핵심 책임자들로 구성한다.
- 선거운동 준비 기간에는 주 2회 정도 회의를 기본으로 하되, 예비선거운동 시작부터는 매일 회의를 한다.
- 초기 선거 전략 수립 과정에서는 깊이 있는 숙의가 필요하며, 실전 선거운동 과정에서는 논쟁보다 집행에 대한 점검과 결정을 중심으로 운영한다.

선거기획사(컨설팅)와 참모조직

선거에서 전문성은 매우 중요한 사항이다. 선거기획사와 참모조직 간에 어느 쪽이 더 전문성을 가지고 있는지는 상황마다 다소 차이가 있으나, 신뢰할 수 있는 선거기획사의 경우 수많은 선거와 여러 후보를 컨설팅해 본 경험과 노하우를 가지고 있다. 그럼에도 대부분의 참모조직은 선거기획사를 경계한다. 좀 심한 경우에는 개그 프로그램을 보듯이, '한번 웃겨 봐라'는 식으로 선거기획사에 승리를 위한 '답'을 내놓아 보라고 한다. 이는 결코 바람직하지 않다.

선거기획사의 선정은 매우 중요하다. 홍보물을 만드는 일반 기획사와 다른 각도로 봐야 한다. 선정한 선거기획사의 전문성을 신뢰할 수 있다면 의견을 전적으로 존중해야 한다.

― 올바른 컨설턴트 선택 방법

- 캠프에서 판단할 때 선거 캠페인에서 부족한 것, 필요한 것을 채워줄 수 있는 최적의 컨설턴트를 선택한다.
- 여러 컨설턴트를 같은 방법으로 비교, 같은 질문에 대한 응답을 비교해 본다.
- 승패 전적에 비중을 두지 말고, 승패의 이유를 물어본다.
- 컨설턴트의 후보자 관리 및 지원 시스템을 파악한다.

― 함께 일하면 절대로 안 되는 컨설턴트의 유형

- 장사꾼 같은 사람 : 후보는 봉이 아니다. 불필요한 일에 많은 돈을 지출하게 만드는 사람과는 일해서는 안 된다
- 특별한 비법이 있는 양 떠드는 사람 : 선거에서 이기기 위한 자신만의 비법이 있다거나, 짧은 시간에 득표율을 10% 이상 획기적으로 올려줄 수 있다고 말하는 사람과는 절대 일하지 마라. 거짓말이다.
- 선거법 위반을 대수롭지 않다고 조언하는 사람 : 선거법 지키는 것을 아직도 바보 같은 짓으로 취급하는 사람이 있다. 승리한 후보들이 모두 불법을 저질렀다면 과연 정상적인 선거인가 반문해 봐야 한다.
- 후보자에게 무리한 요구를 하는 사람 : 후보자에게 선거판을 흔들 수 있는 결단을 세 번 이상 요구하는 사람과는 일하면 안 된다. 결단은 정말 필요할 때 하는 것이다. 시시때때로 결단만을 요구하는 컨설턴트와는 일하지 마라.

과정이다. 후보자와 가까운 사람들로만 구성된 참모조직으로
는 결코 승리할 수 없다.

② '핵심조직'의 조직과 확산

1단계 참모조직의 구성이 완료되면 다음은 '핵심조직'이다.
핵심조직이란 선거운동에 적극적으로 참여할 핵심(열성) 지
지자 조직을 말한다. 선거에서 "자기 돈 써가면서 운동할 사람
30명만 있으면 당선된다"는 말이 있다. 옳은 말이다. 그만큼 자
신의 열정과 시간을 바쳐서 후보자를 당선시키기 위해 모든 것
을 할 수 있는 사람들을 조직하는 것이 선거운동 조직의 핵심
이다.

선거운동의 핵심조직은 당이나 선거대책본부의 체계와는 달
라야 한다. 예를 들면 후보자의 이름을 딴 '○○○ 100인 위원
회'(선거구 규모가 작은 광역/기초의원의 경우 30인 위원회)를 구성
한다. 사람이 많으면 좋겠지만, 너무 많아도 배가 산으로 갈 우
려가 있다. 선거운동에 결합 정도, 후보자에 대한 충성도 등을
고려하여 구성해야 한다.

'핵심조직'의 조직은 가족과 당원 등 후보자와 가까운 주변에
서부터 시작한다. 예를 들면 부모, 배우자의 인맥, 사돈 팔촌의
역량을 십분 활용한다. 다음으로 각종 지역 단체, 시민단체 등

조직된 곳에서 발굴한다. 노동·농민·여성단체, 종교단체, 향우회, 동창회 등의 모임에서 후보자의 열성 지지자를 찾아내고 핵심조직의 구성원으로 조직한다. 그리고 당연한 이야기지만 선거구에서 영향력 있는 사람들을 적극 조직한다.

그렇다면 핵심조직은 어떻게 활용하고, 일상적으로 관리할 것인가.

후보자를 중심으로 '100인 위원회'(또는 '30인 위원회')를 구성하고 나면 이들 간의 친분과 단합을 이루도록 해야 한다. 그래야 사명감이 생긴다. 우선 정례회의를 통해 캠프의 선거운동 지침을 정확히 전달하고, 위원회 스스로가 후보자를 홍보하기 위한 방법을 찾을 수 있도록 미션을 주는 방법도 좋을 것이다.

<u>위원회의 가장 중요한 임무는 자신의 주변 지인들, 연고자들을 파악하고, 직접 접촉하여, '핵심(확실한) 지지자'로 만드는 것이다.</u> 선거운동 조직 전략의 기본은 '눈에 보이는' 확실한 지지자를 확보하는 것이다. 핵심조직 구성원 각자에게 몇 명의 핵심 지지자를 만들 것인지 목표를 정하게 하고, 지속적으로 점검해야 한다.

③ 이슈조직의 중요성 및 육성 방법

핵심조직의 장점은 후보자를 열정적으로 지지한다는 것

핵심조직의 확산 — 핵심(확실한) 지지자 DB 구축

- 후보자에 대한 호감도나 지지의사가 실질적인 투표로 연결될 수 있어야 함. 이를 위해 선거운동 조직사업은 지지를 명시적으로 확인하고, 이들을 투표장으로 이끌고 가는 것이 핵심

- 핵심조직 100인 위원회를 중심으로 각자의 친분 있는 지인을 중심으로 지역별, 부문별, 연령별 핵심(확실한) 지지자를 발굴하고, DB 구축

- 소속 정당 또는 후보자의 지지율이 높은 곳, 후보자의 활동 근거인 지역 등에 주력해서 핵심(확실한) 지지자 발굴

- 후보자가 일상적으로 접촉(그룹별 미팅, 개별 미팅, 문자 발송 등)하여 충성도를 높이고, 이들을 통해 다시 핵심(확실한) 지지자 발굴(동심원 전략)

- 캠프 조직본부에서 매일 점검체계를 수립하여, 구체적인 목표를 세우고 반드시 달성해야 함.

이다. 하지만 이런 조직은 잘 운영하지 못하면 '그들만의 잔치' 로 끝나는 경우도 많다. 핵심조직이 더욱 힘을 발휘하기 위해 서는 '이슈'를 통해, 후보자를 지지하거나 좋아하는 유권자들을 흡수하는 활동이 필요하다. '이슈조직'의 영향력은 선거에서 상 상을 초월할 정도로 강력한 힘을 가진다.

예를 들어보자. 2012년 총선에 출마했던 한 후보는 선거구 내 인지도, 호감도 상승을 위해 자영업자를 집중적으로 공략할 계획을 세웠다. 일차로 자신의 핵심조직 중심으로 우호적인 자 영업자 여럿을 결합시켜 '카드 수수료 인하 ○○구 운동본부'를 만들었다. 후보자와 핵심조직이 중심이 되어 상가와 시장을 방 문하면서 카드 수수료 인하에 대한 내용을 설명하고, 국회 입법 청원을 위한 서명을 받았다. 또한 선거구 내 자영업자 단체들 과 카드 수수료 인하 관련 간담회를 수십 차례 진행했다. 그 결 과 자영업자를 중심으로 선거구 내 여론이 바뀌기 시작했다. 자 신의 삶 속에서 느꼈던 문제를 해결하기 위해 뛰고 있는 사람을 발견했기 때문이다.

이렇게 해서 '카드 수수료 인하 ○○구 운동본부'는 탄탄한 이슈조직이 된다. 지지할 명분을 뚜렷이 제시하기 때문에 후보 자를 선택하는 데 주저함이 없게 된다. 처음 30명의 핵심조직 으로 시작해서 이슈를 내건 캠페인을 진행하면, 3,000명의 지 지자를 확보하는 결과를 가져올 수 있는 것이 이슈조직이다.

이슈조직 육성 방법

1. 이슈가 준비되어야 한다.

선거구 내 지역 현안이어도 좋고, 전국적인 정책 이슈여도 좋다. 다만 선거에 영향을 미칠 수 있는 이슈를 선정해야 한다. ① 대중의 관심사이어야 하고, ② 찬반이 명확하고, ③ 표적집단을 공략할 수 있어야 하며, ④ 손실보다 이득이 많다고 생각하면 바로 추진해야 한다.

2. 실제 활동할 수 있는 그릇을 만들어야 한다.

서명운동 등 캠페인을 진행할 운동본부도 만들고, 블로그(카페) 또는 페이스북 페이지 등을 만들어서 활동이 눈에 드러나야 한다.

3. 언론을 잘 활용해야 한다.

지역 언론, 인터넷 매체, 방송 등을 적극적으로 활용할 계획을 수립해야 한다.

(2) 선거운동 조직 체계의 구성

선거운동 조직을 구성하기에 앞서서 먼저 '선거 전략 기획서'를 작성하고, 이에 따라 선거운동 조직의 규모나 인력 배치를 결정해야 한다. 선거운동 기본계획서(선거 전략 기획서)에는 선거운동의 목표와 방향이 나와 있으므로 기본계획서에 따라서 조직을 만들고 인력을 운영해야 선거 목표 달성을 위한 선거운동 조직 체계를 꾸릴 수 있다.

선거운동 조직 체계를 구성할 때 잊지 말아야 할 것이 있다. 우선 '조직'이 선거운동의 중심이 되어야 한다. 미디어 선거운동이 발달했다고 해도 실제 '표'를 모으는 것은 '조직'이고, 조직을 중심으로 하는 선거운동 전략만이 실질적인 성과를 낼 수 있다. 또한 선거운동 조직 체계의 '정답'이 없다는 것을 명심하자. 후보자와 캠프의 핵심 활동 내용에 따라 유연하게 조직 체계를 구성해야 한다. 대부분 후보자들은 선거조직을 크게 만들어야 한다고 생각한다. 특히 정치 신인일수록 선거조직에 거는 기대가 크다. 그러나 <u>선거조직이 크다고 표가 많이 오는 것은 결코 아니다. 잘못하면 '사공이 많아 배가 산으로 가는' 경우가 생길 수도 있다. 선거조직은 일을 잘할 수 있는 체계로 구성해야 한다.</u>

(3) 명부 없이 득표 없다

후보자의 선거준비 정도는 유권자 명부 확보 수준으로 가늠된다. 본선 돌입 전까지 후보자는 최소한 자신이 얻어야 할 표의 2배 이상의 명부를 확보해야 한다. 확보된 명부를 가지고 전화 통화를 하거나 직접 만나서 운동원과 자원봉사자를 모으고, 선거운동 조직을 꾸리게 된다.

명부가 있어야 선거 전략과 득표 목표를 세울 수 있고 선거후 감사 인사도 명부가 있어야 가능하다. 후보자와 운동원은 늘 명부를 보고 표로 연결시키는 방법을 연구해야 하고, 상황을 점검해야 한다. 명부는 선거운동의 기본 지표이자 도구이고, 선거운동의 결과물이기도 하다. 그렇다면 명부, 즉 선거구 유권자 인명 정보에는 어떤 것들이 있고 이를 수집하는 방법은 무엇인가.

명부 확보 경로 및 방법

— 후보자 및 핵심조직 성원의 연고자 명부

후보 자신이 갖고 있는 명함 분류에서 시작하여 친인척, 선후배, 지인, 소속 단체, 연대 단체 회원 등 연고자를 분류해야 한다. 선거구 외의 지인까지도 분류해야 한다.

— 역대 선거운동원 명부

소속 정당의 선거구 당원 명부를 비롯하여, 역대 선거에 참여한 운동원, 자원봉사자, 적극적 지지자, 지역 유지, 타 후보 운동원 명부 등이 있을 수 있다.

— 단체, 자생조직 회원명부

지역구 내의 향우회, 친목회, 교회·성당·사찰 등 종교시설, 조기축구회·산악회 등 운동·취미 조직의 회원 명단과 지역의 노동조합, 학생조직, 시민사회단체 등으로부터 지역구민 명부를 확보하여야 한다.

— 각급 동창회 명부

후보자의 동창회를 비롯하여 지역구 내 학교의 동창회, 지역에서 활용할 수 있는 동창회의 명부를 최대한 수집하여 지역구민을 분류하고 주소와 연락처를 확인해야 한다.

— 지역 순방 때 만난 사람 명부

후보자가 지역을 돌 때 각종 모임에서 인사하고 소개받은 사람 중에 호의적이고 영향력 있는 사람이라는 판단이 서면, 본인 또는 수행하는 사람이 즉시 명함을 받거나 전화번호를 파악하여 기록해 둬야 한다. 이렇게 만난 사람은 후보자나 운동원이 빠른 시일 내에 인사전화를 한 번 더 하고 지속적인 메시지 발송 등을 통해 인연을 이어가는 것이 중요하다. 이런 명부는 신속하게 대응하면 결실을 맺지만, 시간이 지나면 의미 없는 자료가 된다.

― 공개된 행정정보
행정정보는 각 구(시, 군)청과 동(읍, 면) 사무소에 구분되어 공개되어 있고 지역에 주민등록이 되어 있는 일반인이면 누구나 신청할 수 있다.

- 통반장 명부: 가장 기본적인 명부
- 청년회원, 자율방범대원 명부: 동네의 젊은 자영업자들이 대부분 참가하고 있으며, 이들은 대체로 주민들로부터 평도 좋은 편이다.
- 자생조직 연합회 명부: 각 자생조직의 대표자 명단이 주소와 함께 나와 있다. 대표자들을 접촉하면 각 조직의 회원 명부까지 확보할 수 있다.
- 새마을지도자명부, 동정자문위원 명부, 새마을부녀회 명부, 재향군인회 명부, 자유총연맹 회원 명부, 바르게 살기운동회원명부, 새마을금고현황 명부, 방위협의회 위원명부, 마을회관 운영위 명부, 구 단위 사회단체 등록에 관한 상황 등을 신청하면 입수할 수 있다.

― 이슈조직 선거운동(서명운동) 참여자
이슈조직의 캠페인 과정에서 후보자 중심의 이슈 활동에 동의하고, 서명운동 등에 참여한 유권자 명부는 향후 후보자의 인지도, 지지도 상승을 위해서라도 반드시 필요하다. 일상적으로 서명운동 참여 명단을 엑셀을 통해 입력하고, 감사 인사, 메시지 발송 등을 지속적으로 진행해야 한다.

연고자 명부 관리 (예시)

연고자 및 지지 예상자 확보 및 관리 사업 예

각종 서명운동 참여 주민 (지지 예상자) 관리	• 서명운동 참여 유권자에 대한 명단 정리 작업 • 서명 감사 전화 및 메시지 발송, 서명운동 진행 상황에 대한 소식지 발송 • 선거구에 소속된 서명자에게 후보자가 직접 전화 홍보 진행 • 예비선거운동 돌입 시 예비홍보물 발송
선거조직을 통한 연고자 관리	• 매주 정리하여 후보의 인사 전화 • 후보자 홍보 메시지 발송 및 예비후보자 홍보물 발송 • 연고자를 통한 지역별 간담회 진행

자원활동가 조직 및 활용 방안 (예시)

• 가능한 일찍 시작하는 것이 좋다. 많이 모을수록 좋다.

• 자원봉사자들을 감동시켜 제2, 제3의 후보자를 만들라.

• 부담을 주지 말아야 한다. 아무리 바쁜 사람도 단 한 시간, 한 번의 강연 참석 등은
  가능하다.

• 주 2일, 1일 3~4시간, 1시간 전화 홍보, 카톡 보내기, 또는 연고자 카드 작성을 통
  한 제3자 소개 등 단위를 줄여가며 사소한 것들을 부탁하라.

• 자원봉사자를 통한 구전 홍보 역시 중요하다. 후보를 소개할 수 있는 간략한 핵심
  메시지를 교육하고, 주변에 전파를 부탁한다.

• 자원봉사자를 데이터화해서 전략적으로 활용하라. 특히 주변 사람들 표 단속 등
  에 나설 수 있도록 하라.

유급 선거사무원 선임 선거법 안내

1. 예비후보자의 선거사무관계자 선임(선거사무장 포함)

선거명	인원수
대통령 선거	10인 이내
지역구 국회의원 선거	3인 이내
시·도지사 선거	5인 이내
구·시·군의 장 선거	3인 이내
지역구 지방의원 선거	2인 이내

2. 본선 후보의 선거사무관계자 선임

- 선거사무소와 선거연락소를 설치한 자는 선거운동을 할 수 있는 자 중에서 선거사무소에 선거사무장 1인을, 선거연락소에 선거연락소장 1인을 두어야 함.
- 선거사무장 또는 선거연락소장은 선거에 관한 사무를 처리하기 위하여 선거운동을 할 수 있는 자 중에서 수당과 실비를 지급받을 수 있는 선거사무원을 둘 수 있음.
  → 선거사무소와 선거연락소에는 각각 회계책임자 1인을 두어야 함.

선거별 선거사무원수

구분	선거사무소		선거연락소	
	선거사무장	선거사무원	선거연락소장	선거사무원
대통령선거	1인	시·도수의 6배수 이내	1인	시·도 선거연락소에 당해 시·도 안의 구·시·군(하나의 구·시·군이 2 이상의 국회의원지역구로 된 경우에는 국회의원지역구)수 이내 구·시·군 수가 10 미만인 때에는 10인 이내 구·시·군 선거연락소에 당해 구·시·군(하나의 구·시·군이 2이상의 국회의원지역구로 된 경우에는 국회의원지역구) 안의 읍·면·동수 이내
지역구 국회의원선거	1인	선거사무소를 두는 구·시·군 안의 읍·면·동수의 3배수에 5를 더한 수 이내 → 선거연락소를 두지 아니한 경우에는 선거연락소에 둘 수 있는 선거사무원의 수만큼 선거사무소에 더 둘 수 있음	1인	선거연락소를 두는 구·시·군 안의 읍·면·동수의 3배수 이내

비례대표 국회의원 선거	1인	시·도수의 2배수 이내(32명 이내)		
시·도지사 선거 (교육감 선거)	1인	당해 시·도 안의 구·시·군(하나의 구·시·군이 2 이상의 국회의원지역구로 된 경우에는 국회의원지역구, 이하 이표에서 같음)수 이내 → 구·시·군수가 10 미만인 때에는 10인	1인	당해 구·시·군 안의 읍·면·동수 이내
구·시·군의 장 선거	1인	선거사무소를 두는 구·시·군 안의 읍·면·동수의 3배수에 5를 더한 수 이내 → 선거연락소를 두지 아니하는 경우에는 선거연락소에 둘 수 있는 선거사무원 수만큼 선거사무소에 더 둘 수 있음.	1인	선거연락소를 두는 구·시·군 안의 읍·면·동수의 3배수 이내
시·도 의원 선거	1인	10인 이내	—	—
	1인	당해 시·도 안의 구·시·군수 이내 → 산정한 수가 20 미만인 때에는 20인	—	—
구·시·군 의원 선거	1인	8인 이내	—	—
	1인	당해 자치구·시·군 안의 읍·면·동수 이내	—	—

- 장애인 후보자는 선거운동을 할 수 있는 사람 중에서 1명의 활동보조인을 둘 수 있으며, 이 경우 활동보조인은 법정선거사무원수에 산입하지 아니하며, 수당과 실비(공무원여비규정 별표2의 기준에 의한 일비, 식비)를 지급할 수 있음.
- 정당의 유급사무직원, 국회의원과 그 보좌관·비서관·비서 또는 지방의회의원이 후보자의 선거사무원으로 된 경우에는 법정선거사무원수에 산입하지 아니하며, 이 경우 실비(공무원여비규정 별표2의 기준에 의한 일비, 식비) 외의 수당은 지급할 수 없음.
- 교체선임할 수 있는 선거사무원수는 최초의 선임한 수를 포함하여 법정선거 사무원수의 2배수를 넘을 수 없음.
- 선거사무장, 선거연락소장, 회계책임자는 선거사무원수에 산입하지 아니함.

2. 선거 홍보

대개 선거의 3대 요소를 조직, 자금, 홍보라고 한다. 과거의 선거운동은 홍보보다는 돈과 조직의 힘으로 이루어진 경우가 많았다. 물론 여전히 조직은 중요하다. 그러나 과거와 같은 선거운동 방법으로는 승리하기 어렵다. 현대 선거는 누구에게, 무엇을, 어떻게 알리고 설득하느냐가 선거의 승패를 결정짓는 '홍보전'의 시대이다. 이제 "선거는 홍보다"라고 해도 과언이 아니다.

홍보는 그 자체가 목적이 되어서는 안 된다. 유권자의 머릿속에 후보자의 포지션을 확립하는 것이 목적이다. 나아가 '표'가 되도록 하기 위한 작업이다. 따라서 홍보 전략을 수립할 때 선거 초반에는 후보자 인지도 상승에 초점을 맞춰야 하며, 중반에는 호감도 확대에 주력해야 한다. 선거 종반에는 높아진 인지도와 호감도를 바탕으로 지지도 확보, 즉 실제 '표'를 조직하는 것에 중점을 둬야 한다. 시기별 인지도, 호감도, 지지도 목표를 설정하고, 각 시기에 활용할 홍보 매체의 역할을 명확히 하면서 제작하는 것이 중요하다.

이때 잊지 말아야 할 것이 바로 '선거 홍보 전략의 3대 원칙'이다. 첫째, 남과 달라야 한다(차별성). 홍보물을 접하는 유권자의 첫 시선을 잡아야 한다. 과감한 디자인과 강한 색감의 활용이 중요하다. 둘째, 시종일관 한 가지만 말해야 한다(반복성). 유권자는 단 하나의 이미지만 기억하게 되고 기억된 이미지는 좀처럼 바뀌지 않는다. 셋째, 매사에 당당하고 자신감이 넘쳐야 한다(선명성).

대개 선거 홍보 전략은 이미지 전략, 매체 전략, 미디어 전략, 캠페인 프로모션의 네 가지 영역으로 구분한다. 후보자 이미지 전략은 앞서 '후보자의 이미지 포지셔닝'에서 살펴보았으므로, 여기서는 그 외 나머지 세 가지를 이야기하겠다.

(1) 선거 홍보 매체 — 무엇을 통해 말할 것인가

① 명함

명함은 후보자가 직접 배포할 수 있는 거의 유일한 선거 홍보물이다(대통령 선거, 광역 시·도지사, 교육감 선거, 기초단체장 선거에서는 선거공약서 배포가 가능).

후보자 콘셉트에 맞게 사진, 경력, 이름, 슬로건을 기재하고, 유권자들에게 후보자를 '선보이는' 효과를 노린다. 특히 정치 신인의 경우 인지도를 높이는 데 매우 큰 역할을 한다. 명함은 후보자의 이름과 함께 이미지가 전달되어야 하므로 후보자의 사진, 디자인, 색깔 등의 이미지 작업에 중점을 두어야 한다.

명함과 관련하여 후보자가 명심해야 할 것이 몇 가지 있다.

첫째, 명함 디자인에 집착하지 마라. 명함은 제작 횟수, 부수의 제한이 없는 유일한 선거홍보물이다. 이렇게도 만들어 보고, 저렇게도 만들어 볼 수 있다. 다양하게 만들어 보면서 선택해도 된다. 후보자 중에는 명함 디자인까지 간섭하는 사람이 있다. 그럴 시간에 연고자에게 전화 한 통이라도 더 하는 것이 낫다.

둘째, 버려지는 명함에 신경 쓰지 마라. 도시의 경우 대부분 후보자들은 아침 출근길 전철역 앞에서 명함을 배포한다. 한참 인사를 하면서 명함을 돌리다 보면 전철역 계단에 유권자들이 버린 명함이 가득하다. 많은 후보자들이 자신의 명함이 버려지거나, 누군가 밟고 가는 것을 견디지 못한다. 전혀 그럴 필요가 없다. 사진 한 번, 이름 한 번 보고 버리는 것이 명함이다. 그것 신경 쓰는 사이에 한 명의 유권자라도 더 만나라.

셋째, 명함에 너무 많은 내용을 넣으려고 욕심 부리지 마라. 마음은 충분히 이해하지만 9×5센티미터 크기의 명함에 넣어봤자 얼마나 들어가겠는가. 보이지도 않는다. 명함에 학력과 약력을 합쳐서 8개 이하로 넣고, 자신의 얼굴과 이름을 알리는 데 집중하자. 명함 하나에 많은 내용을 넣는 것보다는, 명함 종류·수에 제한이 없으니 노인용, 여성용, 자영업자용 등으로 다양하게 만들어서 가지고 다니는 게 더 좋은 방법이다.

한 후보자는 내 제안으로 기본 명함 1종과 다양한 주제별, 부

명함 제작 및 배포 관련 선거법

1. 작성 방법
- 배부 시기 : 예비후보자 등록 이후부터
- 명함 규격 : 길이 9cm, 너비 5cm 이내
  - 지질·종수에 대한 제한이 없으므로 여러 종류 제작 가능
  - 명함은 규격 범위 안에서 하트형, 원형 등 다양한 형태 또는 접이식 형태로도 작성할 수 있으나 펼쳤을 때 법정규격 범위 이내이어야 함.
- 게재 사항 : 예비후보자 성명·사진·전화번호·학력·경력·기타 홍보에 필요한 사항
  - 예비후보자를 '후보자'라고 게재할 수는 없음.

2. 배부 방법
- 예비후보자, 예비후보자의 배우자와 직계존비속은 예비후보자의 명함을 직접 주거나 지지를 호소할 수 있음.
- 예비후보자와 함께 다니는 선거사무장·선거사무원·활동보조인, 예비후보자가 그와 함께 다니는 사람 중에서 지정한 1명은 예비후보자의 명함을 직접 주거나 예비후보자에 대한 지지를 호소할 수 있음.
  - 예비후보자의 명함을 배부할 수 있는 배우자 및 직계존비속은 선관위에 신고해야 하나, 예비후보자가 선거운동을 할 수 있는 사람 중에서 지정한 1명은 신고를 하지 않음.
- 선박·정기여객자동차·열차·전동차·항공기의 안과 그 터미널 구내(지하철역 구내 포함), 병원·종교시설·극장의 안에서는 배부 금지
  - 다만, 후보자가 선거운동기간 중에 배부하는 경우에는 호별방문에 이르지 아니하는 한 배부장소에 대한 제한은 없음

문별 명함을 관련 정책 세 가지 정도씩 넣어서 제작하여 가지고 다니면서 배포했다. 상가에 방문했을 때에는 '상가임대차보호법 개정, 카드수수료 인하' 등 정책을 담은 명함을 "정책으로 승부하겠습니다. 관심 있게 봐주세요" 하면서 배포했다. 무관심하게 쳐다보던 자영업자들이 자신의 문제를 이야기하니까 명함을 한 번 더 자세히 보게 됐다. 결과는? 짧은 시간에 인지도와 호감도가 동시에 상승했다.

넷째, 명함은 뿌리는 것도 중요하지만, 받는 것도 중요하다. 아침, 저녁 출퇴근길 인사를 할 때에는 서로 명함을 주고받기 힘들다. 하지만 낮 시간 상가나 주요 단체, 지역 행사 등을 다닐 때에는 만나는 유권자들의 명함을 받기 위해 노력해야 한다. 그리고 그날 받은 명함을 반드시 입력하고, 인사 문자 또는 전화를 하도록 하라.

② 선거벽보

선거벽보는 유권자들이 가장 많이 보는 선거 홍보 매체 중 하나이다. 선거 때가 되면 대부분의 유권자들은 길을 가다가 선거벽보가 붙어 있으면 "우리 동네에 누가 나왔나" 정도는 알기 위해 유심히 보게 된다. 짧은 시간에 유권자의 마음을 움직이기 위해서는 메시지가 분명하고, 기억에 남아야 하며, 보기에도 좋

선거벽보 관련 선거법

- 규격·지질·종수 : 길이 53cm, 너비 38cm, 100g/m² 이내의 종이, 1종
- 게재 내용 : 후보자의 사진·성명·기호, 소속 정당명(무소속 후보자는 '무소속')·경력·
  정견 및 소속 정당의 정강·정책, 선거명과 선거구명, 그 밖의 홍보에 필요한 사항
  (후보자가 아닌 다른 사람의 인물사진은 제외)
- 제출 시기 등
- 제출 시기 : 후보자등록 마감일 후 5일까지
  → 제출 마감일까지 제출하지 아니하거나 규격을 초과 또는 미달하는 경우에는
     첩부하지 않음.
- 제출처 : 관할 구·시·군 선관위가 지정하는 장소
- 첩부 시기 : 선거벽보 제출 마감일 후 2일까지

2017년 주요 대선 후보 선거벽보

아야 한다. 따라서 내용은 최대한 간결하게 하고, 슬로건 및 이미지가 잘 전달될 수 있도록 제작하는 것이 좋다.

③ 선거공보

현수막과 선전벽보가 나붙으면서 유권자들은 어떤 후보가 출마했는지 알게 되지만, 후보자에 대한 상세한 정보는 주로 선거공보에서 얻게 된다. 선거공보는 유권자들에게 후보에 대한 정보를 가장 많이 전할 수 있는 홍보매체이다.

선거공보에는 "나는 누구인가?"(인물) "왜 나왔는가?" "무엇을 할 것인가?"에 대한 분명한 메시지를 싣고, 경쟁자와 차별화할 수 있는 주요 이슈와 공약, 후보자의 정치적 비전 등을 제시해야 한다.

선거공보 제작에서 유의해야 할 점은 욕심을 내지 말아야 한다는 것이다. 많은 내용과 공약을 빽빽이 넣는다고 좋은 선거공보가 되는 것이 아니다. 전체적으로 스토리가 있는 선거공보를 만드는 것이 좋고, 메시지를 부각하기 위해 메인 사진을 제외한 작은 사진의 사용은 자제하는 것이 좋다. 너무 많은 내용을 담으려다 보면 여백이 사라져 답답해 보일 수 있고, 내용이 분산되어 한눈에 들어오지 않을 수 있다.

특히 지방선거에 출마하는 후보의 경우 표지부터 차별화되도록 노력해야 한다. 광역단체장부터 기초의원, 비례대표 광역·기초의원 선출을 위한 정당 선거공보까지 수십 종의 선거공보를 받아보는 유권자 입장에선 차별화되지 않은 홍보물은 휴지조각에 불과하다는 점을 명심해야 한다.

8~12쪽인 선거공보에서 2~4쪽 정도는 일반적으로 후보자의 공약을 싣게 된다. 유권자 입장에서 각 후보의 정책과 공약을 객관적으로 비교할 수 있다. 그러나 공략하는 지역 현안과 해결방안이 대부분 비슷할 수밖에 없어서 열심히 준비한 공약도 막상 선거공보에서는 경쟁 후보와 별다른 차이가 없는 경우가 많다. 이럴 때는 공약의 내용 자체보다는 공약을 지역주민과 함께 만들어 낸 과정을 돋보이게 한다면 타 후보와 차별화할 수 있다.

선거일 60일 전까지 가능한 정책설문조사나 이메일 조사 등을 적극 활용하여 평상시에 지역 현안과 공약에 대해 주민들의 의견을 충분히 수렴하는 것이 좋다. 이러한 결과를 "공약 — 여러분의 목소리를 그대로 실었습니다" 등의 형식으로 홍보물에 싣는다면 유권자 입장에서는 그 공약이 후보자의 일방적인 선심성 약속이 아니라, 자신의 요구라고 받아들이게 된다. 어떤 후보는 공약을 실은 홍보물에 아예 정책설문조사 내용과 답변을 해준 유권자 명단을 실어서 큰 효과를 보기도 했다.

선거공보 관련 선거법

— 책자형 선거공보

- 대통령 선거 16면 이내, 국회의원 선거 및 지방자치단체의 장 선거 12면 이내, 지방의회의원 선거 8면 이내

- 규격·종수 : 길이 27cm, 너비 19cm 이내, 1종

- 작성 수량 : 해당 선거구 안의 세대수와 부재자신고인명부에 올라 있는 선거인수를 합한 수에 상당하는 수 이내로 작성

- 앞면에 명칭('책자형 선거공보')·선거명·선거구명 게재

- 후보자 홍보 등 선거운동을 위하여 필요한 사항 게재

- 제출 : 대통령 선거는 후보자등록마감일 후 6일까지 제출, 그 외 국회의원 선거, 지방자치단체 선거 및 지방의회 의원 선거는 등록마감일 후 7일까지 제출

— 후보자정보공개자료의 작성

- 선거공보의 둘째 면에는 후보자정보공개자료와 그 소명자료만을 게재하여야 함.

- 재산 상황 : 후보자, 후보자의 배우자 및 직계존비속(혼인한 딸과 외조부모 및 외손자녀 제외)의 각 재산총액

- 병역 사항 : 후보자 및 그의 직계비속의 군별·계급·복무기간·복무분야·병역처분사항 및 병역처분사유(질병명, 심신장애내용의 비공개를 요구하는 경우 제외)

- 최근 5년간 소득세·재산세·종합부동산세 납부 및 체납실적 : 후보자, 후보자의 배우자 및 직계존비속(혼인한 딸과 외조부모 및 외손자녀 제외)의 연도별 납부액, 연도별 체납액(10만 원 이하 또는 3월 이내의 체납은 제외) 및 완납시기(제출한 원천징수 소득세를 포함하되, 증명서의 제출을 거부한 후보자의 직계존속의 납부 및 체납실적은 제외)

- 전과기록 : 후보자 본인의 벌금 100만 원 이상의 형의 죄명(실효된 형 포함)과 형량 및 그 처분일자
- 직업·학력·경력 등 인적사항 : 후보자등록신청서에 기재된 사항
  → 책자형 선거공보를 전부 또는 일부 미제출 시에는 후보자정보공개자료를 별도로 작성하여 제출마감일까지 제출하여야 함.
  → 정당한 사유 없이 후보자정보공개자료(점자형 제외)를 제출하지 아니한 것이 발견된 때에는 등록무효 사유에 해당됨.

— 전단형 선거공보 : 대통령 선거에서만 1면(양면 게재 가능) 제작
- 규격 : 길이 38cm, 너비 27cm의 규격 이내, 또는 길이 54cm, 너비 19cm의 규격 이내
- 작성 수량 : 당해 선거구 안의 세대수에 상당하는 수 이내로 작성
- 앞면에 명칭('전단형 선거공보')·선거명·선거구명 게재
- 후보자 홍보 등 선거운동을 위하여 필요한 사항 게재
- 제출 : 후보자등록마감일 후 10일까지 제출

— 선거공보 접수 거부 사유
- 후보자정보공개자료를 게재하지 아니한 경우
- 둘째 면이 아닌 다른 면(둘째 면이 부족하여 셋째 면에 연이어 게재한 경우 제외)에 후보자정보공개자료를 게재한 경우
- 둘째 면에 후보자정보공개자료와 그 소명자료 외의 다른 내용을 게재한 경우
- 규격·제출기한을 위반한 경우(점자형 선거공보에도 적용

④ 현수막

현수막은 무엇보다 눈에 잘 띄어야 한다. 특히 거리 게시용 현수막의 경우 먼저 읍·면·동 중에 가장 눈에 띄는 장소를 물색하는 것이 중요하다. 눈에 잘 띄는 장소는 다른 후보도 눈독을 들이고 있다는 것을 명심하라. 선점할 방법을 반드시 찾아야 한다. 선거사무소 역시 위치가 중요하다. 사람들의 이동도 많은 곳이어야 하지만, 더 중요한 것은 선거사무소 외벽에 게시하는 현수막의 홍보 효과를 극대화할 수 있는 곳이어야 한다는 것.

선거 현수막에는 대개 후보 사진, 슬로건, 이름, 정당명, 기호 등이 들어간다. 하지만 평범해서는 기억되기 어렵다. <u>선거 현수막에도 창조적인 카피와 파격적인 디자인이 필요하다. 특히 정치 신인의 경우, 도발적인 현수막이 인지도 상승에 큰 도움이 될 수 있다는 것을 명심하자.</u>

또한 최소 1회 정도는 교체할 것을 생각해야 한다. 보통 선거운동 시작 시점에는 후보자 인지도를 중심으로, 선거 막판에는 핵심 이슈나 쟁점을 중심으로 제작한다. 한 후보자는 현역 의원이 각종 토론회를 회피하자 바로, "○○○ 후보님, 뭐가 두렵습니까? 당당하게 토론장에 나오십시오"라는 현수막으로 교체했다. 당시 그 현역 의원은 '뭔가 뒤가 구린 사람'으로 몰릴 수밖에 없었다. 이렇듯 현수막 역시 전략적 관점에서 제작해야 한다.

현수막 관련 선거법

1. 선거사무소·선거연락소의 간판·현판·현수막

- 주체 : 정당, 후보자, 선거사무장
  - 간판·현판·현수막을 설치할 수 있는 선거대책기구는 정당(중앙당 또는 시·도당)에 한함.
- 설치 시기
  - 선거사무소 : 후보자등록 후부터
  - 예비후보자의 선거사무소를 후보자의 선거사무소로 그대로 사용할 경우 예비후보자등록 후 게시한 간판 등 사용 가능
- 게시 방법 등
  - 수량·규격 제한이 없으므로 자유로이 설치·게시할 수 있음.
  - 선거사무소·선거연락소가 있는 건물이나 그 담장을 벗어난 장소에 설치·게시할 수 없음.
  - 애드벌룬을 이용한 방법으로 설치·게시할 수 없으나, 네온사인·형광·기타 전광에 의한 표시의 방법으로 설치·게시할 수 있음.

2. 거리 게시용 현수막

- 설치시기 : 선거운동기간 개시일부터
- 재질·규격 등 : 천으로 제작하되, 10m² 이내에서 읍·면·동마다 1매
- 게시방법
  - 관할 구·시·군 선관위가 교부한 표지를 첩부·게시하되, 오·훼손으로 교체하고

자 하는 때에는 종전에 교부받은 표지를 새로운 현수막에 첨부·게시함.

— 일정한 장소·시설에 고정 게시하되, 애드벌룬·네온사인·형광·그 밖의 전광에 의한 표시의 방법으로 게시할 수 없음.

— 다른 후보자의 현수막·신호기·안전표지를 가리거나 도로를 가로질러 게시하는 방법, 선거일에 투표소가 설치된 시설의 담장이나 입구 또는 그 안에 내걸리게 하는 방법으로 게시할 수 없음

⑤ 사진

선전벽보와 선거 홍보물에서 후보자의 사진은 매우 중요하다. 특히 벽보에서 사진은 후보자의 이미지이자 유권자의 시선을 잡는 가장 중요한 소재이다.

사진은 후보자의 콘셉트에 맞게 찍어야 한다. 젊고 개혁적인 후보는 활기차고 자신감 있게, 현직 다선 의원은 중후하고 경륜 있어 보이게, 그러면서도 밝게 표현해야 한다. 되도록 사진을 크게 잡아서, 후보자의 얼굴을 많이 알리는 한편 인물의 도량이 커 보이도록 한다. 선거법에서는 벽보에 후보자가 다른 사람과 함께 찍은 사진을 넣을 수 없기 때문에 여러 가지 분위기를 연출하기는 어렵다. 따라서 제스처, 표정, 위치 변화, 배경으로 후보자의 이미지를 표현해 내야 한다. 또한 사진을 찍는 시기와 유권자가 선거 홍보물을 접하게 되는 시기가 다르기 때문에, 사진을 찍을 때 의상도 신경써야 한다.

선거에 나가 보면 열심히 찍기는 했는데 막상 명함이나 선거 공보, 선전벽보에 쓰려고 찾아보면 의외로 쓸 만한 사진이 별로 없다는 것을 절감한다. 미리미리 아낌없이 시간을 투자해서 좋은 사진을 구해 놓아야 한다. 선거에서 사진 한 장이 가지는 힘은 백 마디 말보다 더 크다.

사진 촬영 시 참고 사항

— 촬영에 최대한 시간을 투자하라.

원하는 사진을 얻기 위해서 최대한 시간을 투자해야 한다. 사진이 표에 영향을 줄 수 있다면 소홀히 할 수 없는 영역이다. 또한 촬영 전날 후보는 일정을 무리하게 잡지 말아야 한다. 피곤하면 사진이 잘 나올 리가 없다.

— 후보에 대한 선거 콘셉트와 테마가 정해진 후 사진 촬영을 하라.

콘셉트가 결정되지 않은 상황에서 촬영을 하다 보면 타 후보와 차별화된 사진을 만들어 낼 수 없다. 선거 콘셉트와 테마를 사진을 촬영하는 작가가 충분히 숙지할 수 있도록 해야 한다.

— 방관자 같은 태도는 금물이다.

'가만히 있으면 알아서 해주겠지' 하는 생각은 절대 금물이다. '이건 내 선거이며, 내 사진이다'라는 적극적 사고방식이 필요하다. 그래야 자신감 있는 표정의 사진 한 장을 건지게 된다.

— 유권자 입장에서 촬영해야 한다.

사진은 동영상과 달리 순간을 잡는 힘든 작업이다. 어린이와 촬영할 때는 눈높이를 맞추고, 노인들과는 진심에서 우러나는 마음으로 포옹하는 사진들이 좋다. 사진은 표정을 잡는 작업임을 명심해야 한다.

— 사진 촬영 당일 동선 및 동원 인원을 구체적으로 점검해야 한다.

사진 촬영은 실내 및 야외촬영으로 이뤄진다. 실내에서는 보통 후보 개인 프로필 사진을 촬영하게 되고, 야외촬영은 타인과 함께 여러 곳을 이동하며 촬영이 진행되기 때문에 미리 참여 인원을 섭외해 놓는 것이 좋다. 또한 다음 촬영 장소와 인원을 점검해 흐름이 끊기지 않게 하는 것이 효과적이다

(2) 미디어 활용 계획

① 방송토론

선거방송토론위원회, 언론사, 각종 단체 등의 주관으로 토론회가 열린다. 규모가 큰 선거일수록 방송토론의 영향력이 크다. 19대 대통령 선거 이후 중앙선거관리위원회가 월드리서치에 의뢰하여 조사한 '유권자 의식조사'에 따르면 대선에서 '후보자 TV 토론 및 방송 연설'이 후보자 정보 획득 경로 중 42.4%로 가장 높게 나왔다. 2014년 제6회 지방선거에서 광역단체장의 경우 '후보자 TV 토론 및 방송 연설'이 22.0%였다.

선거마다 차이는 있겠지만, <u>선거방송토론위원회나 방송사 주관으로 진행되는 방송토론은 후보들이 자신의 메시지와 이미지를 유권자에게 전달할 수 있는 중요한 기회이다.</u> 물론 방송토론을 잘한다고 선거 승리가 보장되는 것은 아니다. 수도권 국회의원 또는 기초단체장 선거의 경우 공중파 방송토론의 기회는 거의 없고, 대부분은 지역 케이블 방송에서 형식적으로 진행되는 경우가 많다. 그렇지만 선거 전체의 분위기를 위해서라도 방송토론은 치밀하게 준비하는 것이 좋다.

방송토론 준비 유의사항

― 방송토론 준비 시 유의사항

① 토론의 목적을 분명히 해야 한다.

후보자의 이슈를 전달할 것인지, 네거티브 전략으로 상대 후보의 부정적 이미지를 부각시킬 것인지 등 토론의 목적을 분명히 하고 그에 맞게 준비해야 한다.

② 핵심적인 주제(이슈)를 정해야 한다.

유권자가 토론에서 오고간 모든 이야기를 기억하는 것은 불가능하다. 많은 이야기를 들려 주는 것보다 한 가지의 주제나 이슈로 유권자들이 후보를 분명하게 기억하게끔 하는 토론이 성공한 토론이다.

③ 토론의 형식과 환경을 미리 분석해야 한다.

토론이 진행되는 형식의 파악은 기본이다. 후보자와 상대 후보의 좌석배치나 청중의 참석여부 등 토론이 열리는 스튜디오의 환경도 미리 파악해서 준비하면 토론을 더 매끄럽게 진행할 수 있다.

④ 후보자의 장점을 드러내는 방향으로 발표 스타일을 정해야 한다.

말하는 내용도 중요하지만 말하는 모습도 중요하다. 눌변이면 인간적인 면모가 보이도록 하고, 달변이면 지적이고 논리적인 이미지를 부각하는 등 후보자의 발표 모습이 유권자에게 친근감과 신뢰감을 줄 수 있도록 해야 한다.

⑤ 연습하지 않으면 실패한다.

실제 토론에서 실수하지 않으려면 말하는 내용과 모습, 모두를 연습을 통해 점검해야 한다. 발언문을 만들고 외우는 방식보다 주요 이슈에 대한 발표내용을 짧게 요약·정리하여 후보자가 연습해 볼 수 있도록 해야 한다.

⑥ 토론회 전에 충분한 휴식을 취해야 한다.

후보자가 피로 누적으로 얼굴 표정이 어둡거나 말실수를 하게 되면 치명적인 영향을 받을 수 있다. 유세일정을 무리하게 소화하기보다는 충분한 휴식을 취하면서 여유있게 토론을 준비해야 한다..

― **방송 토론 진행 시 유의사항**

① 명확한 메시지를 전달해야 한다.

토론이 끝난 다음 "○○○ 후보는 ○○○○를 하려고 하는구나", "○○○ 후보는 ○○한 사람이구나" 하는 분명한 인상이 남도록 해야 한다. 특히 자신이 부각할 메시지를 신념과 확신에 찬 어조로 강조해야 한다.

② 상대 후보가 아닌 표적집단을 향해 말해야 한다.

굳이 상대 후보를 설득하려고 노력할 필요가 없다. 토론에서 상대를 이기려고 덤벼들 필요 역시 없다. 후보는 자신의 메시지를 표적유권자에게 전달하면 된다.

③ 결론부터 간결하게 말해야 한다.

구구절절 설명하지 말고 핵심만 간결하게 이야기한다. 특히 발언의 서두에 자신의 입장을 밝힐 필요가 있다. 후보의 지루한 설명을 끝까지 들어줄 유권자는 없다.

④ 확신 없이 질문에 답하지 말아야 한다.

확신이 없을 때는 "그것은 더 신중하게 검토할 필요가 있는 사항입니다", "이 문제는 더 공부해서 입장을 밝히도록 하겠습니다"라고 하는 것이, 모르는 말을 하는 것보다 훨씬 낫다. 잘못된 답변 하나가 선거 전체를 망칠 수 있다는 것을 명심하라.

대담 · 토론회를 이용한 선거운동 관련 선거법

― 언론기관의 후보자 초청 대담·토론회

- 주체 : 언론기관[텔레비전 및 라디오방송시설, 「신문 등의 진흥에 관한 법률」 제2조 제3호에 따른 신문사업자, 「잡지 등 정기간행물의 진흥에 관한 법률」 제2조 제2호에 따른 정기간행물사업자(정보간행물·전자간행물·기타간행물을 발행하는 자 제외), 「뉴스통신진흥에 관한 법률」 제2조 제3호에 따른 뉴스통신사업자, 인터넷 언론사]
- 시기 : 선거운동기간 중
- 초청 대상자 : 후보자 또는 대담·토론자(선거운동을 할 수 있는 사람 중에서 후보자가 지정하는 자)
- 초청 및 진행
  - 언론기관이 방송시간·신문의 지면 등을 고려하여 자율적으로 개최하되, 대담·토론의 진행은 공정하여야 함.
  - 후보자의 승낙을 받아 초청하되, 특정 후보자 또는 그 대담·토론자 1명만을 계속적으로 초청하여서는 안 됨.
  - 후보자 또는 대담·토론자별로 주제발표시간 및 맺음말을 하는 시간, 질문과 답변 또는 보충질문과 보충답변의 시간, 질문 및 답변의 순서, 사회자 선정방법, 기타 그 대담·토론회의 공정한 진행을 위한 절차와 방법 등을 참가자에게 알려야 함.

— 선거방송토론위원회 주관 대담·토론회

- 선거별 개최 주최 및 횟수 등
  - 대통령 선거 :

    후보자 중에서 1인 또는 수인을 초청하여 3회 이상
  - 지역구 국회의원 선거, 기초단체장 선거 :

    구·시·군 선거방송토론위원회는 선거운동기간 중 지역구 국회의원 선거 및 기초단체장 선거의 후보자를 초청하여 1회 이상의 대담·토론회 또는 합동방송연설회를 개최

    → 합동방송연설회의 연설 시간은 후보자마다 10분 이내의 범위에서 균등하게 배정
  - 비례대표 국회의원 선거 :

    해당 정당의 대표자가 비례대표 국회의원 후보자 또는 선거운동을 할 수 있는 사람(지역구 국회의원 후보자는 제외한다) 중에서 지정하는 1명 또는 여러 명을 초청하여 2회 이상
  - 시·도지사 선거 :

    후보자 중에서 1인 또는 수인을 초청하여 1회 이상
  - 비례대표 시·도의원 선거 :

    해당 정당의 대표자가 비례대표 시·도의원 후보자 또는 선거운동을 할 수 있는 사람(지역구 시·도의원 후보자는 제외한다) 중에서 지정하는 1명 또는 여러 명을 초청하여 1회 이상

- 초청 대상 후보자
  - 국회에 5인 이상의 소속의원을 가진 정당이 추천한 후보자
  - 직전 대통령 선거, 비례대표 국회의원 선거, 비례대표 시·도의원 선거 또는 비

례대표 자치구·시·군의원 선거에서 전국 유효투표총수의 100분의 3 이상을
득표한 정당이 추천한 후보자

— 중앙선거관리위원회 규칙이 정하는 바에 따라 언론기관이 선거기간 개시일
전 30일부터 선거기간 개시일 전일까지의 사이에 실시하여 공표한 여론조사
결과를 평균한 지지율이 100분의 5 이상인 후보자

— (지역구 국회의원 선거 및 지방자치단체의 장 선거의 경우) 최근 4년 이내에 해당
선거구(선거구의 구역이 변경되어 변경된 구역이 직전 선거의 구역과 겹치는 경우를
포함한다)에서 실시된 대통령 선거, 지역구 국회의원 선거 또는 지방자치단체
의 장 선거(그 보궐선거 등을 포함한다)에 입후보하여 유효투표총수의 100분의
10 이상을 득표한 후보자

② 선거 광고

대통령 선거, 비례대표 국회의원 선거, 광역단체장(교육감) 선거 후보는 선거운동 기간에 TV, 라디오, 신문, 인터넷과 같은 다양한 매체에 광고를 내보낼 수 있다.

광고는 후보를 널리 알릴 수 있는 수단이다. 그러나 제작 비용과 송출/게재 비용이 매우 크기 때문에 효율적인 계획을 세워야 한다. 유권자 조사를 통해 파악된 표적유권자의 매체 접촉도 등을 참고하고 각 매체의 특성을 고려하여 가장 효율적인 매체를 조합하는 미디어 믹스Media Mix를 결정해야 한다.

대표적으로는 16대 대통령 선거에서 노무현 후보가 직접 통기타를 치면서 '상록수'를 부르는 TV 광고가 있다. 17대 대통령 선거 때 이명박 후보의 '욕쟁이 할머니' 광고 역시 잘 만든 광고의 대표적인 작품이라 할 수 있다.

③ 언론 홍보

"언론 홍보를 해도 잘 나지 않는다"는 생각은 버려야 한다. 선거 때는 언론에 후보가 많이 나오면 나올수록 좋다. 적극적으로 메시지를 전파할 수 있는 방식으로 언론을 적극 활용해야 한다. 그러려면 캠프에서 다양한 '홍보거리'를 만들어야 한다.

광고 횟수 관련 선거법

구분		방송광고		신문	인터넷광고
		TV	라디오	광고	
대통령 선거		30회 이내	30회 이내	70회 이내	횟수 제한 없음
국회의원 선거	지역구	—	—	—	횟수 제한 없음
	비례대표	15회 이내	15회 이내	20회 이내	횟수 제한 없음
광역단체장 교육감 선거	지역구	5회 이내	5회 이내	5회 이내	횟수 제한 없음

※ 광역단체장(교육감) 선거에서 신문광고의 경우 총 5회 이내로 한다.
다만, 인구 300만을 넘는 시·도의 경우는 300만을 넘는 매 100만까지마다 1회를 더 한다.

우선 후보자는 <u>선거출마를 결심한 직후 프레스 킷을 준비해</u>
<u>야 한다</u>. 프레스 킷Press Kit은 후보의 학력과 경력, 사진, 출마 이
유, 비전과 공약 등을 정리한 언론배포용 홍보물이다. 이는 후
보자에 대해 언론에서 보도할 때 기초자료로 사용되는 것이므
로 공을 들여서 만들어야 한다. 특히 사진은 후보가 언론에 나
올 때마다 사용되기 때문에 신중하게 선택해야 하며, 가능하면
벽보용 사진으로 쓸 것을 미리 정해두는 것이 좋을 것이다.

다음으로 <u>기본적으로 매주 한 건 정도의 보도거리가 되는 행</u>
<u>사를 준비해야 한다</u>. 언론보도용 행사는 후보자의 기본적인 메
시지를 중심으로 치밀하게 준비해야 한다. 출마 기자회견 등 중
요한 기획 행사의 경우 미리 보도 자료를 준비·배포하고, 전 매
체에 사전에 통보해서 취재요청을 해야 한다.

또한 <u>매일매일 보도 자료를 작성해서 기자들에게 배포해야</u>
<u>한다</u>. 내용은 후보자 일정별 활동, 언론에 나올 만한 활동, 후보
자의 주요 발언, 주요 인사의 지지선언 등이다. 보도자료는 뉴
스가치가 있다고 판단되는 사건이나 후보자 활동을 언론에 알
려 후보자에게 유리한 이미지를 창출·확대하기 위해서 만드는
것이다. 후보자를 자화자찬해서는 안 되고, 육하원칙에 입각해
서 모든 사람이 이해할 수 있게 간결하고 쉽게 작성해야 한다.
보도 자료는 제목, 요약문, 본문의 역삼각형 구조로, 핵심이 앞
에 나오고 구체적인 내용이 뒤에 이어지도록 작성해야 한다. 과

장된 표현이나 수식어는 자제하는 것이 좋다. 또한 연락처, 담당자명, 전화번호, 주소 등을 반드시 기재해야 한다.

언론을 잘 활용하기 위해서는 후보자가 평상시에 언론과 관계를 잘 형성하고 있어야 한다. 선거운동 돌입 전부터 언론에 칼럼을 쓰거나 독자 투고 등을 해서 밑작업을 해놓아야 한다.

다음으로 캠프의 언론 홍보 담당자를 잘 선임해야 한다. 가능하면 기자 출신이면 좋으며, 최소한 선거 홍보 분야의 경험이 있는 사람이어야 한다.

그리고 틈새시장을 놓치지 말아야 한다. 기초단체장이나 지방의원 후보의 경우 지역 신문, 지역 케이블 방송을 활용해야 한다. 누가 보겠느냐 하겠지만 지역 자영업자 등은 반드시 지역 신문이나 지역 케이블 방송을 본다. 인터넷 언론에는 현장 기자로 등록해서 캠프에서 직접 기사를 써서 올리는 방법도 고려해 봄직하다.

④ 온라인 홍보

최근 선거 캠페인에서 온라인 홍보의 중요성은 매우 크다. 각종 선거에서, 특히 대도시 선거구의 경우 SNS로 유권자와 소통하지 않는 후보는 당선되기 어려울 정도이다. 인터넷과 SNS를 통한 선거운동은 언제, 어디서나 무한정 할 수 있다. 또한 후보나 선거운동원뿐만 아니라 일반 유권자들까지 자발적으로 인터넷과 SNS를 통해 선거운동을 할 수 있고, 특정후보에 대해 지지나 반대 의사를 밝힐 수 있다. 후보자나 캠프의 입장에서 보면 하루종일 함께 선거운동을 할 선거운동원을 확보하기가 쉽지 않다. 지지자들이 선거운동에 결합할 방법 역시 마땅한 게 없다. 이러한 상황에서 인터넷과 SNS는 매우 유용한 홍보 도구라 할 수 있다.

현재 페이스북과 트위터의 사용자가 1천만 명을 넘었고, 카카오톡 메시지는 거의 전 국민이 다 사용한다고 해도 과언이 아니다. 인터넷과 SNS로 유권자와 직접 소통하기 위해 온라인 선거 캠프를 설치하라.

얼마 전까지 온라인 선거운동이라고 하면 후보 홈페이지를 만드는 것이라 생각했다. 지금도 그렇게 생각하면 곤란하다. 선거 사무실을 차려 놓는다고 지역주민이 알아서 방문하지 않는 것처럼 후보자 홈페이지만 오픈한다고 저절로 방문자가 늘어나지는 않는다. 홈페이지를 만들어 놓고 자신의 글을 올리는 식의 일방향 홍보로는 효과를 볼 수 없다. 쌍방향 홍보와 소통이 필요한 시대이다.

후보자가 유권자를 만나기 위해 엄청나게 발품을 팔듯이 인터넷과 SNS를 통한 온라인 홍보 역시 열심히 해야 성과가 있다. SNS를 '소셜 커뮤니케이션'Social Communication이라고 한다. 온

온라인 홍보의 장점

- 선거운동기간 이전에도 상시적인 활동이 가능하다.
- 비용 대비 효과가 크다. 미리 계획을 세워 준비하면 비용을 들이지 않고 일상적인 캠페인을 할 수 있다.
- 온라인 캠프를 24시간 운영할 수 있다.
- 나만의 신문과 방송 등 개인 미디어를 운영할 수 있다.
- 인터넷을 활용한 적극적인 홍보 활동 자체가 후보자의 새로운 이미지를 형성할 수 있다.

라인 플랫폼에서 개인의 생각, 의견, 정보를 공유하고 타인과의 관계를 생성하고 확장시키는 쌍방향 커뮤니케이션이다. 이를 선거에 활용하면 SNS를 통해 후보자가 자신의 정치적 비전과 정책공약, 선거운동 정보를 유권자와 나누고, 확산시킬 수 있다. 나아가 지지자와 유권자를 참여시키고, 공약이나 선거운동 방식에 대해 직접 제안을 받아서 풍부하게 만들 수도 있다.

그렇다면 후보자는 SNS를 통한 선거운동에서 어떤 자세를 가져야 하는가. 가장 중요한 것은 '진정성'이다. 유권자와 직접 소통하는 공간인 만큼 진정성이 없이는 실질적인 효과를 낼 수 없다. 일단 후보 본인이 직접 글을 써야 한다. 요즘 네티즌들은 이 글이 후보자 본인이 썼는지 아니면 다른 담당자가 썼는지를 바로 안다. 잘 쓰지 못하더라도 후보자 자신의 마음을 담은 글이 유권자의 마음을 움직인다.

그리고 지속적으로 관계를 유지해야 한다. 자기 할 말만 하는 일방적 관계는 선거에 도움도 안 되고 확장성도 없다. 리트윗, 좋아요, 댓글 등을 통해 지속적으로 교류해야 한다.

온라인 홍보에서 중요한 것은 콘텐츠이다. 다양하고 재미있는 스토리가 있어야 한다. 자신이 살아온 이야기를 위트있게 표현해도 좋고, 선거구 내 명소나 맛집 방문기도 좋다. 최대한 유권자와의 거리를 좁히는 것이 중요하다. 그리고 정치적 메시지는 일방적인 발표 형식이 아니라 감성을 담아야 호소력이 커진다.

인터넷, SNS를 이용한 선거운동 관련 선거법

- 주체 : 선거운동을 할 수 있는 사람·단체
- 기간 : 언제든지(선거일 제외)
  - 선거운동을 할 수 있는 단체는 선거일이 아닌 때에 그 단체 또는 대표의 명의로 인터넷 홈페이지를 이용하여 선거운동을 할 수 있음.
- 방법 : 자신 또는 타인이 개설한 인터넷 홈페이지(카페, 블로그, 미니홈페이지 등 포함) 또는 그 게시판·대화방 등에 글이나 동영상 등 정보를 게시하는 방법으로 선거운동을 할 수 있음.
  - 다만, 선거법상 선거운동을 할 수 없는 사람은 인터넷, SNS를 통한 선거운동을 당연히 할 수 없음. 또한 선거법상 금지행위(후보자 비방, 허위사실 유포 등) 규정을 준수해야 함.

가능하다면 UCC와 카드뉴스 등 시각적인 매체를 활용하라.

(3) 캠페인 프로모션

일반적으로 선거에서 캠페인 프로모션이라 하면 전통적인 매스미디어인 TV, 라디오, 신문, 잡지(여기에 요즘은 인터넷 홍보까지 더한다)를 통하지 않는 나머지 모든 홍보활동을 통틀어 말한다. 요즘은 캠페인 프로모션의 몇몇 분야를 미디어 전략과 혼합하여 시너지 효과를 내기도 한다. 현재 선거에서 활용되는 캠페인 프로모션은 선거 유세, 로고송, 전화 홍보, 문자 메시지, 구전 홍보, 각종 동영상 등을 들 수 있다. 선거 유세와 로고송은 이후 유세전략에서 살펴보도록 하고 여기서는 전화 홍보, 문자 메시지, 구전 홍보에 대해 이야기하겠다.

① 전화 홍보

전화를 이용한 선거운동은 무제한이다. 자원봉사자를 중심으로 전화 홍보팀을 구성하여 운영하면 후보자의 인지도 및 지지도 상승에 많은 도움이 된다.

선거사무소에 전화 홍보를 위한 공간을 확보하고, 전화기 등 장비를 준비한다. 후보자를 전혀 알지 못하는 유권자에게 일방

전화 홍보의 장점

- 전화 홍보는 즉각 피드백된다. 전화는 쌍방 대화이므로 유권자들에게 어떤 메시지가 효과가 있는지 바로 알 수 있다.

- 운용에 탄력성이 있다. 시행 도중이라도 효과가 없거나 반응이 좋지 않은 메시지 등은 언제든지 쉽게 바꿀 수 있다.

- 전화 홍보를 다른 선거운동과 결부시켜 활용하면 상승효과가 있다. 지역 순방이나 선거 유세 등의 전후에 그 지역에 집중 전화 홍보를 하면 더 효과적일 수 있다.

전화 홍보 관련 선거법

- 주체 : 선거운동을 할 수 있는 사람
- 시기 : 선거운동 기간 중
  - 선거운동 기간 전에는 예비후보자에 한하여 할 수 있음.
- 방법 : 전화를 이용하여 송·수화자 간 직접 통화하는 방식으로 지지를 호소하는 행위
  - 오전 6시부터 오후 11시까지 할 수 있음.
  - 선거사무소가 아닌 장소에 새로이 전화를 가설·증설하여 선거운동을 하는 행위는 할 수 없음.

적으로 전화를 거는 것은 크게 효과가 없다. 오히려 역효과가 나기도 한다. 전화 홍보가 효과가 있으려면 선거운동 돌입 직전까지는, 그동안 미리 확보한 명단의 연고자들에게 집중적으로 진행하고, 선거운동 과정에서는 확인된 지지자 또는 지지 가능 유권자들로 확대하는 것이 적절하다.

전화 홍보를 하면서 유의해야 할 점을 확인해 보자.

훌륭한 전화 홍보요원을 확보하고 철저히 교육해야 한다. 전화 홍보요원은 후보를 대신해서 전화로 유권자들과 직접 소통하는 사람이다. 일종의 후보자의 대변인이자 분신인 것이다. 전화 통화 도중 유권자들이 질문할 수도 있다. 따라서 전화 홍보요원은 후보자에 대한 기본적 지식, 선거 쟁점에 대한 후보자의 입장, 정당의 정치적 견해 또는 이슈 등을 제대로 숙지해야 한다.

전화 홍보를 통해 지지자, 지지 가능 유권자의 명단을 확보하고, 확산시켜야 한다. 이를 위해 반드시 필요한 것이 유권자들의 반응을 바탕으로 '전화 홍보 결과보고서'를 작성하는 것이다. '전화 홍보 결과보고서'는 전화 홍보팀장이 매일매일 캠프 전략회의에 보고하고, 조직실은 전화 홍보를 통해 확인된 지지자들에게 후보가 직접 전화하도록 해야 한다.

마지막으로 전화 홍보 시나리오를 작성해야 한다. 예상할 수 있는 유권자들의 질문에 대해 간결하고 확실하게 납득시킬 수

전화 홍보 시나리오 — 연고자용 (예시)

구분	내용	
처음 인사	• 안녕하세요? ◇◇◇선생님이시죠? 여기는 ○○구청장 선거에 출마한 ○○당 기호 ○번 ○○○후보 선거사무실입니다. (△△△ 선생님께 소개받고 전화드렸습니다.) 잠시 시간을 내주실 수 있겠습니까?	
유권자의 반응	호의적	부정적
홍보원 대응	• 이번 ○○구청장 선거에서 ○○당 ○○○ 후보에게 한 표 부탁드리기 위해 (도와주십사 하고) 전화 드렸습니다.	• 예, 실례 많았습니다. 사실은 이번 ○○구청장 선거에서 ○○○ 후보를 도와주십사 하고 전화 드렸습니다.
유권자의 반응	호의적일 때	바쁘다는 등 통화 기피 경우
	• 예, 정말 감사합니다. 앞으로도 ○○○ 후보를 많이 도와주십시오. 기대에 어긋나지 않도록 열심히 하겠습니다.	• 실례 많았습니다. (대단히 죄송합니다.) 좋은 하루 되시고요, 기호○번 ○○○ 후보 꼭 기억해 주십시오.

유권자의 반응	반응이 불분명한 경우	비판, 비우호적인 경우
홍보원 대응	• 정말 감사합니다. 아무래도 서민경제를 살리고, 지방정치를 개혁하는 데는 능력 있고 준비된 ○○○ 후보가 적임자입니다. [지역에 맞는 논리개발] ○○의 발전과 아이들의 미래를 위해서 ○○○ 후보를 꼭 지지해 주시기를 부탁드리겠습니다. 기대에 어긋나지 않도록 열심히 하겠습니다.	• 당 관련 예, 부족한 점도 있습니다. 그래도 능력있고 개혁적인 후보를 뽑아야 하지 않겠습니까? 당이 다소 마음에 차지 않으시더라도 무너진 서민경제를 살리기 위해 기호 ○번 ○○○ 후보를 도와주십시오. 열심히 하겠습니다. • 후보 관련 예, ○○○ 후보가 어떤 면에서는 맘에 들지 않은 점도 있을 것입니다. 그래도 능력 있고, 깨끗한 후보를 뽑아야 하지 않겠습니까? 이 어려운 서민경제를 살리기 위해서는 ○○○ 후보가 적임자라고 생각합니다. 다소 미흡한 점이 있더라도 ○○당 ○○○ 후보를 도와주십시오. 정말 열심히 하겠습니다.

유권자의 반응	긍정적 반응	부정적 반응
홍보원 대응 (마지막 인사)	• 예, 고맙습니다. 주위 분들에게 기호 〇번 〇〇〇 후보 홍보 좀 잘해 주시고요. 〇월 〇〇일 꼭 투표해 주십시오. 환절기 감기 조심하시고요, 좋은 하루 되세요. 안녕히 계십시오. • 날씨와 시간대에 따라 적절히 대응 — 오전 : 좋은 하루 되세요. — 오후 : 따뜻한 오후 되십시오. — 주말 : 즐거운 주말 되십시오.	• 예, 고맙습니다. 좋은 하루 되시고요, 안녕히 계십시오.

있는 답변을 준비하고 숙지해야 한다. 답변하기 힘든 질문에 대해서는 담당참모가 다시 전화할 수 있도록 양해를 구해야 한다.

② 문자 메시지

문자 메시지는 일상적으로 할 수 있는 선거운동 방식이다. 선거운동을 할 수 있는 사람이면 누구나, 선거일을 제외하면 언제든지 문자 메시지를 보낼 수 있다. 정치 신인의 경우 문자 메시지를 활용하면 이름 석 자라도 알리는 데 상당히 도움이 된다.

자동 동보통신의 방법으로 문자 메시지를 전송하는 것은 후보자와 예비후보자만 할 수 있으며, 예비후보자와 후보자를 합하여 5회를 초과할 수 없다. 따라서 자동 동보통신 방법을 활용해 대량으로 문자 메시지를 보낼 경우 발송 시기와 내용 등에 대해 전략적인 판단이 필요하다. 최근에는 일명 '꾹꾹이'(전화기 자체에 전송 프로그램을 변경하거나 별도로 설치한 것)를 이용해서 보내는 것은 20명 이하까지는 자동 동보통신으로 보지 않기 때문에 많이 사용하기도 한다.

선거 때가 되면 문자 메시지의 홍수이다. 특히 엄청난 수의 후보자가 출마하는 동시 지방선거의 경우, 곳곳에서 받는 문자 메시지에 유권자들의 관심이 떨어지는 것은 당연하다. 오히려 역효과가 날 수 있다. 따라서 문자 메시지를 보내더라도 누구에게, 언제, 어떠한 내용으로 보낼 것인지를 명확히 하는 것이 필요하다.

③ 구전 홍보

구전 홍보란 메시지를 받은 수신자가 송신자가 되어 제3의 수신자에게 다시 전달함으로써 메시지가 확산되는 홍보활동이다. 입에서 입으로 소문이 나는 것이다. 이를 WOMWords Of Mouth이라고 하기도 하고 바이럴 마케팅Viral Marketing이라고도 한다. 여기서 중요한 것은 소문이 퍼져나가도록 하는 것이다.

구전 홍보 방법은 선거운동원들이나 지지자들이 주변 지인 조직화하거나, 후보자가 지역 순방 때나 유권자 직접접촉 등을 통해서 핵심 메시지를 전하는 것이다. 구전홍보팀을 조직하여 몇 명씩 조를 짜서 선거구를 돌며 이야기를 퍼뜨리기도 한다.

구전 홍보의 중요성은 앞의 결과를 통해서도 알 수 있다. 2014년 지방선거 이후 중앙선거관리위원회가 실시한 '유권자 의식조사'에서 후보자 인지경로 부분을 살펴보면, TV 토론이나 언론·방송의 비중이 큰 광역단체장 선거를 제외한 나머지 선거에서는 '가족·친지·이웃과의 대화를 통해서'가 상대적으로 높게 나타났다.

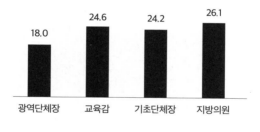

후보자 인지 경로 — 2014년 지방선거
"가족·친지·이웃과의 대화를 통해서"(%)

입에서 입으로 전달되는 홍보 방식은 유권자의 동향 파악에 효과적이며, 후보자의 인지도, 호감도를 높이고 대세 장악의 분위기를 형성하는 데 필수적이다. 특히 구전 홍보를 전략적으로 수행하면 가장 확실하게 표적유권자의 마음을 사로잡을 수 있다. 젊고 논리력을 갖춘 전문 구전홍보팀을 구성하여, 표적유권자와 부동층 밀집지역에서 집중적으로 홍보활동을 펼쳐야 한다.

구전 홍보의 전략수립

첫째, 목표를 정한다.

후보자 인지도 향상, 지지 가능 유권자 3,000명 확보, 지지도 30% 돌파를 통한 대세론 확산 등 구전 홍보의 목표를 가능한 구체적이며 측정이 가능하도록 한다.

둘째, 타깃을 선정한다.

구전 홍보의 타깃은 일차로 빅마우스(big mouth, 메시지 전달을 잘할 수 있는 스피커 역할)이며 신뢰도가 높은 계층을 선정한다. 그리고 2, 3차로는 구체적인 유권자층을 대상으로 선정한다.

셋째, 구전 홍보용 메시지를 만든다.

설득력 있고 기억에 오래 남을 메시지여야 한다. 구전 홍보의 특징은 유권자가 유권자에게 전달해야 하기에 메신저 신뢰도가 높은 반면 메시지 내용에 오류가 생길 확률도 높다. 그러므로 되도록 간단하고 쉽게 전달될 수 있는 메시지를 만들어야 한다. 너무 전문적이거나 오해의 소지가 있다면 오히려 부작용의 위험도 있다.

넷째, 구전 홍보 확산 경로를 구체화한다.

구전 홍보 확산 경로의 대표적인 형식은 '동심원'이다. 예를 들면 후보자 중심의 동심원은 후보자 → 부인/가족/친척 → 참모 → 자원봉사자 → 유권자의 경로를 들 수 있으며, 핵심 지지자 중심의 동심원은 핵심 지지자 → 핵심 지지자 가족 및 주변 인물 → 핵심 지지자 가족의 주변 인물 → 유권자의 경로를 가질 수 있다. 그 외 구전홍보팀을 통한 확산은 표적유권자들이 자주 모이는 장소를 적극적으로 활용한다.

선거 커뮤니케이션 방식 및 특징 정리

커뮤니케이션 방식	특징
거리유세	• 적절한 분량의 원고 작성, 50대 주부가 이해할 수 있는 언어사용 • 핵심주제만 강조하는 원포인트 연설, 짧고 간결하게(3~5분) • 유동인구 조사를 통한 시간대별 유세장소 및 동선 설정 • 각종 유세 이벤트 결합, 후보자의 연설력 강화 훈련
선거홍보물	• 남들과 달라야 한다. (차별성) → 부동표 흡수전략 • 시종일관 한가지만 말한다(단순, 반복성) → 단일한 이미지 전략 • 매사에 당당하고 자신감이 넘쳐야 한다. (선명성) • 명함, 선전벽보, 선거공보, 영상물, 로고송, 어깨띠, 현수막
온라인 캠페인	• 후보자 홈페이지(블로그) : 캠페인 전략과 일치하는 콘셉트 필요 • 유권자 정보(이메일 주소, 핸드폰번호) 수집과 이를 통한 캠페인 • SNS : 페이스북, 트위터, 카카오스토리, 인스타그램, 카카오톡 등
전화 홍보	• 전화홍보는 즉각 피드백된다. (반응의 즉각성) • 운용에 탄력성이 있다. (내용, 방식을 언제든지 쉽게 바꿀 수 있음) • 전화홍보를 다른 선거운동과 결부하여 실시하면 상승효과가 있다. • 전화홍보 보고서 작성, 지지자, 부동층에 대한 적극적인 관리 계획 필요
기타 홍보	• 여론조사(ARS방식) • 구전홍보 • 언론 홍보 : 보도자료 지속적 작성, 발송. 지역언론, 인터넷 언론 공략

3. 선거 유세

(1) 공개 장소에서의 연설·대담 준비

① 유세단장(연설원, 사회자)의 선정

연설원은 늦어도 선거운동 시작 1개월 전에는 선정하고, 유세계획 수립, 연설문 작성, 각종 유세장비 제작 등을 준비할 수 있게 한다. 후보가 없는 상황에서 유세를 할 때에는 유세단장이 연설원을 겸하면서 유세를 진행하고, 후보가 유세를 할 때에는 유세단장이 자연스럽게 사회자 역할을 하면 된다. 유세단장이 선거 유세를 총괄해야 하기 때문에 지역사회에서 명망이 있고 선거운동 경험이 있는 사람으로 선정한다.

② 유세차량

선거 유세에서 생명수와 같은 존재가 유세차량이다. 유세차량은 보통 1톤 또는 2.5톤 차량을 개조해서 사용한다. 미리 임대계약을 맺거나 확보해 두어야 한다. 유세차량 홍보는 선전벽보와 선거공보물과 이미지가 통일되어야 하며, 기호와 이름, 핵심적인 슬로건이 잘 보이도록 해야 한다.

유세차량을 제작할 때 가장 유의할 점이 앰프와 발전기이다. 실전에서 보면 앰프가 찢어지거나 발전기가 터지는 등 꼭 한두 번씩 말썽을 일으키는 골칫거리 중 하나이다. 갑자기 소리가 안 나오면 후보자를 비롯한 연설원 및 유세 팀원들은 당황하게 되고, 그날 유세는 엉망이 되고 만다. 앰프(스피커)나 발전기가 터지는 데는 몇 가지 이유가 있겠지만, 대체로 유세차 제작업체가 앰프나 발전기에 대한 이해가 부족하고 전문성이 없기 때문이다. 그러다 보니 필요한 용량에 비해 턱없이 부족한 것을 사용하는 경우가 있다. 앰프(스피커)나 발전기는 유세차량의 톤수나 지역을 고려하여 넉넉한 것을 준비하고, 유세차량 제작 경험이 풍부한 전문업체에 맡겨야 한다.

③ 로고송 및 동영상

로고송은 귀에 익은 대중음악이나 동요를 선택해서 후보자의 기호와 이름, 핵심 메시지를 중심으로 쉬운 가사로 개사한다. 로고송도 가능하면 연령·계층별로 만들면 좋다. 예를 들어 출퇴근 및 등하교 시간에는 동요를 개사한 로고송, 노인들이 많은 곳에서는 트로트풍의 노래를 틀 수 있다. 로고송은 율동과 함께 부르기 쉬운 노래로 선정한다. 홍보멘트는 배경음악과 함께 녹음을 해서 로고송 사이에 사용하고, 후보자의 핵심 경력과 메시지를 중심으로 내용을 작성한다.

동영상은 유세차량에 LED(또는 LCD) 녹화기를 탑재할 경우 당연히 제작해야 한다. 현대 선거에서는 유세, 로고송 등 청각적 홍보보다 동영상을 통한 시각적 홍보가 더욱 효과적이다. 동영상 역시 전문업체에 의뢰하여 메시지 전달과 예술적 측면까지 동시에 담도록 제작해야 한다.

④ 유세단 구성 및 활동

유세단은 유세단장과 유세차량 운전기사, 보조 연설원, 그리고 (가능하다면) 율동이 가능한 선거운동원으로 구성한다. 유세단은 선거운동 돌입 4~5일 전까지 유세차량 및 확성장치, 로고송, 홍보멘트 등을 제작해야 한다. 또한 유세를 시작하기 전에 지역조사를 통해 지역 내의 민원 및 현안을 파악해 두어야 한다.

중요한 것은 선거구 내 유세 지도를 작성하는 것이다. 유세 지도는 유권자가 많이 모이는 장소, 왕래가 많은 지점, 선정된 장소에 어느 시간대에 사람들이 많은가 등을 구체적으로 파악하여 작성해야 한다. 그리고 유세 지도를 작성한 후 유세 일정표 및 유세 실행계획표를 짠다.

유세 계획표 (예시)

시간	유세 장소	시간	유세 장소
06:15-06:45	아침운동 장소, 등산로 입구	14:30-15:00	아파트, 주택가
07:00-08:30	지하철역, 버스정류장	15:15-15:45	아파트, 주택가
09:00-10:00	아침식사	16:00-16:30	대형마트, 재래시장
10:15-11:00	상가지역	16:45-17:15	대형마트, 재래시장
11:20-11:50	아파트, 주택가	17:30-19:00	지하철역, 버스정류장
12:00-12:30	아파트, 주택가	19:30-21:00	지하철역, 버스정류장
12:30-13:30	점심식사	20:45-21:50	번화가(후보만)
13:50-14:20	상가지역	22:00-23:00	번화가(후보만)

(2) 선거 연설

모든 후보는 자신의 메시지를 유권자에게 알기 쉽게 전달할 수 있는 연설 능력을 갖추어야 한다. 그러려면 충분한 준비가 필요하다.

연설문을 미리 준비하고, 꾸준히 연습해야 한다. 연설문을 작성하되, 보고 할 생각은 하지 말아야 한다. 특히 경험이 많지 않은 정치 신인의 경우 즉흥적인 연설은 위험하므로 연설문을 확실히 이해하고 암기해야 한다.

너무 길어서 사람들이 흥미를 잃게 해서는 안 된다. 짧고 간결하게, 지루하지 않게 하는 것이 연설의 원칙이다. 핵심 주제만을 강조하는 원 포인트 연설을 준비하는 것이 좋다. 자신을 부각할 수 있는 메시지 중심으로 2분, 5분, 10분짜리 연설을 준비하고, 반복적으로 쓸 수 있도록 충분히 연습하라. 또한 전문 용어나 학술용어는 되도록 피하고, 중학교 3학년 수준의 용어를 사용하는 것이 좋다.

공개장소에서의 연설·대담 관련 선거법

— **연설·대담 시간 : 오전 7시부터 오후 10시까지**

→ 다만, 녹음기와 녹화기(비디오 및 오디오 기기 포함)를 사용하여 연설·대담을 하
는 경우 오전 7시부터 오후 9시까지, 휴대용 확성장치만을 사용하는 경우 오전
6시부터 오후 11시까지

— **자동차와 확성장치의 수량 등**
- 대통령 선거 : 후보자와 시·도 및 구·시·군 연락소마다 각 1대, 각 1조
- 지역구 국회의원 선거 : 후보자와 구·시·군 연락소마다 각 1대, 각 1조
- 광역단체장, 교육감 선거 : 후보자와 시·도 및 구·시·군 연락소마다 각 1대, 각 1조
- 기초단체장, 지역구 광역의원 선거 : 후보자마다 각 1대, 각 1조
- 지역구 기초의원 선거 : 후보자마다 각 1대

→ 기초의원의 경우 자동차에 부착된 확성장치는 사용 불가

— **녹화기 화면의 규격 등**
- 대통령 선거 : 후보자용은 규격 제한 없음. 시·도 연락소용 10m², 구·시·군 연락소
용 5m² 이내
- 지역구 국회의원 선거 : 후보자와 구·시·군 연락소용 5m² 이내
- 광역단체장, 교육감 선거 : 후보자용 10m², 구·시·군 연락소용 5m² 이내
- 기초단체장 : 후보자용 5m² 이내
- 지역구 지방의원 : 후보자용 3m² 이내

― 자동차와 확성장치의 사용 등

- 확성장치는 연설·대담을 하는 경우에만 사용할 수 있음.

- 휴대용 확성장치를 연설·대담용 차량이 정차한 곳 외의 다른 지역에서 사용하거나 차량부착용 확성장치와 동시에 사용할 수 없음.

- 후보자·선거사무장·선거사무원은 다른 사람이 개최한 옥내 모임에 일시적으로 참석하여 연설·대담을 할 수 있음.

선거연설의 기본 원칙

1. 천천히 말하라

연설자의 말이 빠르면 유권자는 무슨 말인지 알아들을 수 없다. 특히 연설 경험이 없는 초보자의 경우 흥분, 초조, 불안, 기대 등으로 자신도 모르는 사이에 말의 속도가 빨라진다. 천천히 말하는 것과 느리게 말하는 것은 완전히 다르다. '천천히'는 말을 길게 끌지 않고 쉼과 쉼이 분명한 것을 말한다. '느리게'는 말을 질질 끄는 것이다.

보통 알아듣기 쉬운 연설의 속도는 1분에 200자 원고지 1장 반 정도의 분량이 적당하다.

2. 크게 말하라

작은 소리는 청중들이 처음에 들으려고 하다가도 조금만 시간이 지나면 주의가 산만해지기 쉽다. 특히 초보자들은 평소보다 음성이 작아지는 경우가 많은데, 처음부터 큰 소리로 연습하면 감정표현을 잘할 수 있고 작은 소리도 똑똑하게 표현할 수 있게된다.

크게 말하는 것과 악을 써서 말하는 것은 다르다. 어떤 곳이든 제일 뒤에 있는 사람이 충분히 편안한 자세로 알아들을 수 있는 음성이면 된다.

3. 또박또박 말하라

단어나 문장을 정확하고 분명하게 발음해야 한다. 내용을 잘 살펴서 연결해야 할 곳과 떼어서 말할 곳을 잘 구분해야 한다.

4. 자연스럽게 말하라

자연스러운 태도와 음성은 유권자에게 친근감을 주고 일체감을 조성하며 후보자의 진실성을 각인시킨다. 많은 사람이 있다는 생각을 버리고 단 둘이 이야기한다는 기분으로 말하면 자연스러울 것이다. 가두연설에서든, 10명이든 1,000명이든 똑같이, 한 사람을 상대로 솔직하게 대화를 나누는 것처럼 할 수 있도록 노력해야 한다.

5. 그 밖에 유의할 사항

• 시선 처리를 자연스럽게 해야 한다.
초보자들은 연설을 하면 사람들과 눈을 마주치지 못하고 두리번거리기 마련이다. 이렇게 되면 청중의 반응을 확인할 수도 없고 불안하다는 인상을 주게 된다. 반드시 사람들의 눈을 정면으로 마주치며 자신의 진실을 알리기 위해 노력해야 한다.

• 끝말을 정확하게 해야 한다.
사람들 대부분이 끝말을 정확하게 맺지 못하고 적당히 얼버무리는 습관이 있다고 한다. 끝말을 정확히 하면 행동도 분명하고 박력 있어 보인다.

• 전문용어나 학술용어는 되도록 피한다.
기본은 유권자의 공통의 언어, 쉬운 표준어의 사용이다. 열 살 아이가 알아들을 수 있는 연설을 해야 한다.

• 제스처를 지나치게 많이 사용해서는 안 된다.
적절한 제스처는 연설자의 자신감을 고취시키고 청중의 주의를 집중시키며 시각적인 효과를 준다. 그러나 잘못된 제스처는 연설자를 우스꽝스럽게 만들 수도 있다

4. 선거 재정 전략

선거 재정을 고민할 때에 중요한 것은 "얼마를 쓸 것인가?" 보다 "얼마를 모을 수 있는가?"이다. 후보와 캠프에서 선거 재정 문제를 토론할 때 가장 많이 나오는 말이 "선거에 이기려면 얼마 정도를 써야 하는가?"이다. 이 질문의 답은 없다. "법정선 거운동비용 한도액"까지 쓸 수 있다. 선거에서 돈을 쓰려면 한 도 끝도 없다. 그러나 돈을 많이 쓴다고 당선되는 것은 결코 아 니다.

다시 강조하지만 선거 예산을 편성할 때에 가장 먼저 해야 할 일은 "과연 선거 재정으로 얼마를 모을 수 있는가?"를 확인 하는 것이다. 자칫 후보자와 캠프의 재정 능력 이상으로 예산을 편성하여 선거가 끝난 후 '빚잔치'에 허덕일 수 있다. 이런 불행 한 일을 겪지 않기 위해서는 "모은 만큼(능력만큼) 쓴다"는 원칙 을 잊지 말아야 한다. 후보자가 쓸 수 있는 개인 자금과 예상 후 원금의 규모를 파악하고, 이용 가능한 재정이 얼마인지를 먼저 정리하자. 선거비용 보전이 확실한 경우, 선거 후 보전 받을 비 용을 이용할 수 있는 예산을 수립해야 한다.

구체적인 예산계획을 수립하기 위해서는 선거 캠페인 각 단 계별로 예산을 배정하고 항목별·프로그램별로 예산을 편성 한다. 예비후보·당내경선·본선에 이르기까지 단계별 소요 금액을 산정한다. 여기에 여론조사비(컨설팅 비용), 선거 홍보물, 유세차량 제작비, 후보 활동비, 선거운동원 인건비, 사무실 운영경비 등 항목별 소요 금액을 배정한다. 또한 보전 받을 수 있는 '선거비용'과 보전 받을 수 없는 '선거외비용'으로 분류하여 예산 편성에 반영해야 한다.

6

선거운동의
단계적 계획

1. 선거준비활동 및 예비선거운동
— 선거는 시작 전에 이미 승부가 결정된다

늦게 시작한 선거운동으로 당선된 예는 없다. 예비선거운동을 포함하여 선거운동 기간은 칼을 빼들고 상대와 접전을 벌이는 짧은 순간에 불과하다. 상대와 일대 접전에서 승리하기 위해 칼을 갈고 무예를 닦으며 아군의 방비를 튼튼히 하는 기간, 이 기간에 따라 승패는 갈리게 된다. <u>이기는 선거를 하려면 미리 철저한 준비를 해 놓고, 선거운동 기간에 상대 후보의 허점을 노려 승부를 내야 한다. 승리하는 사람은 이기고 나서 싸운다</u> [勝者先勝].

모든 선거는 선거에 출마하겠다고 결심하는 순간 이미 실전에 돌입했다고 생각해야 한다. 특히 정치 신인의 경우 예비선거운동을 최대한 활용해야 한다. 만약 상대 후보가 현역 의원이라면 그는 이미 현역으로서의 이점을 가지고 있다. 단 한순간이라도 일찍 시작하라.

예비선거운동 기간에 예비후보자는 선거사무소 개소, 예비후보자 명함 배부, 선거구 내 세대수의 10분의 1 이내에 해당하는 수의 예비홍보물 발송, 전자우편(이메일) 및 SNS를 이용한 선거운동 등을 할 수 있다. 그렇다고 공식 예비선거운동 기간부터 움직일 것인가? 아니다. 지금부터 시작이다. 지금부터 후보자가 어떻게 움직이느냐에 따라 선거의 당락이 결정된다고 해도 과언이 아니다. 핵심 이슈를 발굴·선정하고, 유권자와 어떻게 접촉할 것인지 계획을 세워야 한다. 이를 바탕으로 선거 준비 과정과 예비선거운동 기간 동안 최대한 후보자의 인지도와 호감도를 올려야 당내 경선이건 본선이건 승리를 바라볼 수 있다.

이렇게 인지도와 호감도 상승의 중요성을 강조하면 대부분의 후보는 어떻게 '싸울' 것인가보다 어떻게 '알릴' 것인가에 더 집중한다. 그러나 이 두 가지는 결코 떨어질 수 없다. 굳이 따지자면 어떻게 '싸울' 것인가에 더 집중해야 한다. 예비후보 등록을 하고 열심히 발품을 팔면서 명함도 돌리고, 사무실에 현수막을 크게 붙인다고 1위를 달리는 후보를 이길 수 없다. <u>자신의 생각보다 더 공격적이고 더 도발적으로 싸움을 벌여야 한다.</u> <u>반대를 두려워하지 마라. 반대가 있어야 지지도 있는 것이다.</u> 당내 경선 라이벌(경쟁 후보)이나 다른 당의 유력 후보를 상대로 공격적인 이슈 싸움을 전개하여 유권자와 언론의 관심을 집

중시켜야 한다. 어차피 선거는 승리 또는 패배 두 가지 결과뿐
이다. '아름다운 패배'는 현실에서 없다.

예비후보자의 선거운동 관련 선거법

1. 선거사무소 간판·현판·현수막

- 수량·규격 제한이 없으므로 자유로이 설치·게시할 수 있음.
- 애드벌룬을 이용한 방법으로 설치·게시할 수 없으나, 네온사인·형광·기타 전광에 의한 표시의 방법으로 설치·게시할 수 있음.
- 기호가 결정되기 전이라도 자신의 기호를 알 수 있는 때에는 게재할 수 있음.
  - 명함, 전자우편, 예비후보자 홍보물, 어깨띠·표지물, 문자 메시지 등 다른 선거 운동 방법에서도 동일하게 적용됨.
- 선거사무소가 있는 건물이나 그 담장을 벗어난 장소에 설치·게시할 수 없음.

2. 예비후보자 명함

○ 작성 방법
- 배부 시기 : 예비후보자 등록 이후부터 후보자 등록신청 마감일까지
- 명함 규격 : 길이 9cm, 너비 5cm 이내
  - 지질, 종수에 대한 제한이 없으므로 여러 종류로 제작할 수 있음.
- 게재 사항 : 예비후보자의 성명·사진·전화번호·학력·경력, 그 밖에 홍보에 필요한 사항
○ 배부 방법
- 예비후보자와 그의 배우자·직계존비속은 예비후보자의 명함을 직접 주거나 예비 후보자에 대한 지지를 호소할 수 있음.

- 선거사무장, 선거사무원, 활동보조인 및 예비후보자가 지정한 사람(1명)은 예비후보자와 함께 다니는 경우에만 예비후보자의 명함을 주거나 예비후보자에 대한 지지를 호소할 수 있음.

○ 명함배부 또는 지지호소 금지장소

- 선박·정기여객자동차·열차·전동차·항공기의 안과 그 터미널 구내(지하철역 구내 포함)

  ※ 지하철역 입구 및 첫 계단부터 지하철역 구내에 포함되며, 시민들이 지하철 이용을 위하여 이용하는 공간인 통로, 개찰구 밖 매표소 부근, 개찰구 안의 승강장도 포함됨. 다만, 지하철 이용과 무관한 지하상가 등은 해당되지 않음.

- 병원·종교시설·극장의 안

3. 인터넷, 전자우편(이메일), SNS

- 주체 : 선거운동을 할 수 있는 사람은 누구든지
- 시기 : 제한 없음
- 방법 : 제한 없음
  — 다만 상대 후보에 관하여 허위 사실을 유포하거나 비방을 하여서는 안 됨.

4. 전화

- 주체 : 예비후보자
- 방법 : 전화를 이용하여 송·수화자간 직접 통화하는 방식으로 지지를 호소하는 행위
  — 전화·문자 메시지 이용 선거운동은 오후 11시부터 다음날 오전 6시까지 할 수 없음

5. 예비후보자 홍보물

○ 작성 방법

• 종수 : 1종

• 작성수량 : 선거구 안의 세대수의 100분의 10 이내에 해당하는 수

• 작성방법

— 규격 : 길이 27cm, 너비 19cm 이내

— 면수 : 대통령 선거는 16면 이내, 그 외 모든 선거 예비후보자는 8면 이내

○ 게재 내용 : 예비후보자의 사진·성명·전화번호·학력·경력, 그 밖에 홍보에 필요한 사항

○ 홍보물에 적어야 할 사항

앞면	명칭('예비후보자 홍보물'이라 적음), 선거명, 선거구명, 예비후보자의 성명, 소속 정당명(정당의 당원이 아닌 사람은 '무소속'이라 적음)
맨 뒷면	작성근거("이 예비후보자 홍보물은 「공직선거법」 제60조의 3 제1항 제4호에 따라 제작한 것입니다"라고 적음), 인쇄사의 명칭·주소·전화번호

• 대통령 선거 및 지방자치단체장 선거(교육감 포함)의 예비후보자는 표지를 포함한 전체 면수의 절반 이상의 면수에 선거공약 및 이에 대한 추진 계획으로 각 사업의 목표·우선순위·이행절차·이행기한·재원조달방안을 게재하여야 하며, 이를 게재한 면에는 다른 정당이나 후보자가 되려는 자에 관한 사항을 게재할 수 없음.

ㅇ 홍보물 발송

• 발송기간 : 예비후보자 등록 후부터 선거기간 개시일 전 3일까지

• 발송횟수 : 발송수량의 범위 내에서 수회에 걸쳐 발송 가능

• 발송방법 : 규칙에 의한 발송용 봉투를 사용하여야 하며, 요금별납에 의한 우편발
  송

• 홍보물 발송신고 : 발송일 전 2일까지 관할선거구위원회

  ※ 수회에 걸쳐 예비후보자 홍보물을 발송하려는 때에는 최초 신고시에 일괄신고

6. 예비후보자 공약집

ㅇ 작성자 : 대통령 선거 및 지방자치단체의 장(교육감) 선거의 예비후보자

ㅇ 작성방법

• 종수 : 1종

• 면수·수량·규격 : 제한은 없으나 도서의 형태로 작성하여야 함.

ㅇ 게재내용

• 선거공약 및 이에 대한 추진계획으로 각 사업의 목표·우선순위·이행절차·이행기
  한·재원조달방안을 게재함.

• 선거공약 및 그 추진계획에 관한 사항 외에 자신의 사진·성명·학력(정규학력과 이
  에 준하는 외국의 교육과정을 이수한 학력을 말함)·경력, 그 밖에 홍보에 필요한 사항
  을 게재하는 경우, 그 게재면수는 표지를 포함한 전체 면수의 100분의 10을 넘을
  수 없음.

  ※ 예비후보자가 자신의 기호를 알 수 있는 때에는 그 기호를 게재할 수 있음.

• 다른 정당이나 후보자가 되려는 자에 관한 사항은 게재할 수 없음.

ㅇ 예비후보자 공약집에 적어야 할 사항

앞면	명칭('예비후보자 공약집'이라 적음), 선거명, 예비후보자의 성명, 소속 정당명(정당의 당원이 아닌 사람은 '무소속'이라 적음)
맨 뒷면	작성근거("이 예비후보자 공약집은 「공직선거법」 제60조의 4 제1항에 따라 제작한 것입니다"라고 적음), 판매가격, 출판사(출판사를 이용하지 아니하고 발간한 경우에는 그 인쇄사를 말함)의 명칭·주소·전화번호

ㅇ 예비후보자 공약집 발간·배부 신고

• 배부는 통상적인 방법으로 판매함. 다만 방문판매의 방법으로 판매할 수 없음.

• 예비후보자 공약집을 발간하여 판매하려는 때에는 발간 즉시 관할 선거구 선거관리위원회에 2권을 제출해야 함.

7. 어깨띠, 표지물

ㅇ 주체 : 예비후보자

ㅇ 규격 및 종류

어깨띠	길이 240cm, 너비 20cm 이내
표지물	길이 100cm, 너비 100cm 이내

2. 정당 공천 경선과정
— 공천이 당선의 지름길이다

후보자는 모두가 '당선'이 목표이다. 당선을 위해서는 당연히 본선에 나가야 하는 것이고, 본선은 '정당 공천'이라는 예선을 거쳐야 출마할 수 있다.

한국 정치의 특성상 주요 정당의 공천은 당선에 이르는 가장 확실한 지름길이다. 특히 한 정당이 거의 싹쓸이를 하고 있는 영남, 호남 지역의 경우 주도 정당의 공천은 곧 당선이라는 등식이 성립하기도 한다. 한편 공천을 받아야 당선 가능성이 있지만, 역으로 당선 가능성이 있어야 공천을 받을 수 있다. 유권자, 특히 정당의 후보 공천 경선에 참여하는 당원, 선거인단은 자신이 지지하는(소속된) 정당의 후보를 선택할 때 가장 첫 번째 기준이 '당선 가능성'임을 잊지 말자.

최근에는 민주적 경선을 통해 후보를 공천하는 것이 대세이다. 과거 3김金 중심의 보스정치 시대에는 공천 권한을 '보스'가 가지고 있었다. 그러다 보니 당연히 '밀실공천', '공천비리' 등의 말이 공공연하게 나돌았다. 몇 년 전만 해도 새누리당(현 자유한국당)의 경우 총선 공천 때마다 '친이학살'이니, '친박몰락'이니 하는 말까지 나올 정도로 공천 문제가 심각했다. 주요 정당들이 선거 공천으로 인해 항상 내홍을 겪다 보니, 2014년 지방선거부터는 일부 전략공천 지역을 제외하고 민주적인 경선이 자리를 잡고 있는 상황이다.

정당 경선의 유권자들은 당원, 대의원, 선거인단, 자발적 참여자 등이다. 2016년 총선의 경우 새누리당과 더불어민주당이 휴대전화 안심번호를 이용한 여론조사를 통해 공천 경선을 실시했다. 이런 경우 일반 유권자들이 정당 후보 경선에 참여하게 된다.

새누리당은 당헌에 "압축된 복수의 후보자를 대상으로 국민참여 선거인단대회를 통하여 후보자를 추천한다"고 규정하고 예외적으로 "다만 국민참여 선거인단대회는 중앙당 공천관리위원회의 결정에 따라 여론조사 경선으로 갈음할 수 있다"고 했다. 그리고 당규는 선거인단의 30%를 당원으로, 70%를 일반 국민으로 구성하도록 했지만, 20대 총선의 모든 경선을 안심번호 여론조사 방식으로 진행했다.

더불어민주당도 역시 당헌·당규에 국민참여경선, 국민경선, 당원경선, 시민공천배심원경선 등을 복잡하게 규정해 놓았지만, 시간이 없다는 이유로 20대 총선 공천 경선은 모두 안심번호 여론조사 방식으로 진행했다.

정당 공천 경선운동은 본선에 비해 캠페인 방법이 많지 않다. 최근 각 정당의 경선제도를 보면 인지도와 조직력을 갖추고 있는 현역의원, 현역 지역위원장에게 전적으로 유리하다.

정당 공천 경선의 기준은 당선 가능성과 정당 기여도이다. 이런 상황에서 정당 공천 경선에서 이기기 위해 무엇을 해야 할 것인가.

첫째, 인지도와 호감도를 올려야 한다. 이것은 모든 선거에 적용되는 기본이지만, 특히 공천 과정에서 반드시 들어가게 되는 여론조사 결과에 영향을 미치는 것은 일차적으로 인지도와 호감도이다.

둘째, 메시지가 명확해야 한다. 정당 공천 경선과정에서 당원, 선거인단, 여론조사 참여 유권자들에게 후보자가 강하게 어필하기 위해서는 후보자가 내세우는 메시지가 선명해야 한다. '출마선언문'에 메시지를 선명하게 담아야 한다. 후보자 자신의 당선 가능성과 정당 기여도, 자신이 내세울 핵심 이슈에 대해 명확히 서술해야 한다. 이를 통해 유권자 및 지지자들에게 긍정적인 첫인상을 남겨야 한다.

셋째, 정당 공천 경선은 조직이 가장 중요하다. 당원, 선거인단이 참여하는 경선이라면 말할 필요도 없다. 후보자, 후보자 가족과 친지, 캠프 성원들의 지인과 동문 등 모든 인맥을 동원해야 한다. 여론조사 경선 방식 또한 조직을 가동해야 한다. 여론조사 때 전화를 받아서 여론조사에 참여할 우호적 유권자를 광범위하게 조직해야 한다.

2016년 내가 컨설팅한 후보자의 경우 치밀하게 경선 준비를 했다. 시작 당시 여론조사 후보 적합도 항목에서 15% 정도 차이가 났으나, 3개월 동안 여론조사에 참여할 우호적 유권자를 6,000명 이상 조직한 결과 2%에 못 미치는 차이로 경선에서 승리할 수 있었다. 여론조사 방식의 경선에서도 준비된 자만이 승리할 수 있다는 것을 명심하자.

당내 공천 경선운동 관련 선거법

- 정당이 당원에게만 투표권을 부여하여 실시하는 당내 경선에서는 당해 정당의 당헌·당규가 정하는 바에 따라 경선운동을 할 수 있음.
  - 다만 다수의 선거구민이 왕래하는 거리에서 어깨띠·피켓·현수막 또는 모자·티셔츠 등을 이용하여 경선운동을 하는 것은 그 행위 시기 및 양태에 따라 법 제90조(시설물 설치 등의 금지), 제254조(선거운동기간 위반)에 위반됨.
- 정당이 당원과 당원이 아닌 자를 대상으로 당내 경선을 실시하는 경우 경선운동은 선거법 제57조의 3(당내 경선운동)에 따라야 함.

1. 선거사무소, 명함

- 경선 선거사무소에 간판·현판·현수막을 수량·규격에 제한 없이 설치·게시
- 경선후보자는 자신의 성명·사진·전화번호·학력·경력·기타 홍보에 필요한 사항을 게재한 길이 9cm×5cm 이내의 명함을 직접 주거나 지지를 호소할 수 있음. 다만 경선 선거일의 투표개시부터 투표마감까지는 이를 배부할 수 없음.
  - 예비후보자는 일정 요건에 해당하는 선거사무 관계자도 명함을 배부할 수 있으나, 당내 경선후보자는 오직 자신만이 명함을 배부할 수 있음.

2. 경선 홍보물

- 정당이 경선후보자가 작성한 1종의 경선 홍보물을 1회에 한하여 발송할 수 있음.
- 작성수량 : 경선 선거인수에 그 100분의 3에 상당하는 수를 더한 수 이내
- 규격·면수 : 길이 27cm×너비 19cm 이내에서 4면 이내

- 표시 내용 : 작성근거, 인쇄소 명칭·주소·전화번호, '경선후보자 홍보물'이라 표시
- 신고 의무 : 정당이 경선 홍보물을 발송하는 때에는 발송일 2일 전까지 당해 선거의 관할 선거구 선관위에 신고(정당은 '우편법시행령'에 따른 요금별납으로 우편발송)

3. 합동연설회 또는 합동토론회

- 정당은 당내 경선운동을 위하여 합동연설회 또는 합동토론회를 개최할 수 있음 (횟수 제한 없음).
- 경선후보자는 합동연설회 또는 합동토론회가 개최되는 시설의 입구나 담장 또는 그 구내(옥외를 말함)에 자신의 홍보에 필요한 현판과 현수막을 합동연설회 또는 합동토론회 개최일 전일부터 개최일까지 각 2개 이내에서 설치·게시할 수 있음.
  ― 다만 애드벌룬, 기구를 이용한 방법으로 설치·게시할 수 없음.

3. 단계별 계획 — 본선까지 단계별 핵심 실행 항목

(1) 1단계 : 선거준비 및 예비선거운동

항목		점검사항	비고
전략	선거 전략 기획서 준비	지역조사, 상황분석 역대 선거 결과 등 분석	- 각종 자료 분석 - 선관위, 지자체 자료 분석
		후보자 자료수집	- 학력, 경력, 정치철학, 종교, 살아온 과정 등
	여론조사	1차 전략조사 FGI 조사 진행	- 1차 전화 전략조사 진행 - FGI 4개 그룹 진행
	예비선거 실행계획	예비선거 각 부문별 계획수립	- 일정별, 부문별 구체 계획 정리
조직	선거조직 편성	참모조직 구성 완료	- 참모조직 컨트롤 타워 구성 - 100인(30인) 위원회 구축 시작
		핵심조직 조직화 시작	- 지역 내 신망, 활동능력, 여론주도층, 선거경험자 등 - 100인(30인) 위원회 성원 조직화
		자원봉사팀 구성	- 선거실무, 구전홍보
		부문별/동별 책임자 구성	- 가능한 범위부터 시작
		당원, 선거인단 조직화 시작	-핵심 지지층부터 조직화 시작

조직	연고자 파악	학연, 지연, 혈연 등	- 후보자, 참모조직, 핵심조직 부터 시작
	후보 스케줄	지역 순방 계획 수립	- 지역 주요조직 순방 - 지역 유지 직접 만남 진행
	경쟁 후보 정보수집	경쟁 후보 활동내용	- 기획실장 및 홍보팀장과 공유
	지역 내 단체 파악	결합 가능한 단체 파악	- 지역 내 각종 단체(향우회, 체육, 종교 등) 및 회원 파악
홍보	홍보계획 수립	각종 홍보물 제작 계획 SNS 활용 계획 구전홍보 계획	- 선거기획사, 홍보팀 - 구전홍보팀 구성
	홍보물 제작	의정보고서 발간	- 현역의원의 경우 반드시 진행
		후보자 책 출간 진행	- 출판기념회 준비
		예비후보자 홍보물 제작, 배부	- 예비홍보물 배부 대상 확정
		SNS 플랫폼 제작	- 블로그, 페이스북, 트위터, 인스타그램 등
		카드뉴스 제작	- 이메일, 카카오톡 등을 통해 배포
		선거사무소 외벽 현수막	- 크기, 수량 제한 없음.

홍보	언론홍보	언론홍보 담당(팀) 구성	- 보도자료 작성 - 언론사와의 관계 형성
	이슈 전략	이슈전략 수립 및 확산 계획	- 이슈조사, 정책, 공약 등
	이미지 전략	후보자 이미지 메이킹	- 라이프 스토리 등 선거 기획사

(2) 2단계 : 정당 공천 경선운동

항목		점검사항	비고
전략 기획	선거 전략	경선 전략 수립	- 경선 방식에 따른 맞춤형 전략 수립
	여론조사	ARS 여론조사 진행	- 인지도, 호감도, 지지도 중심 조사
	메시지, 이슈 확정	메시지 전략, 이슈 전략 수립	- 메시지 확산 경로 확정 - 이슈 중심 대중활동 전개
조직	경선승리 조직계획	조직 풀가동	- 지지층 결집, 우호층 확대 - 당원, 선거인단 최대 확대 및 점검 - 핵심조직 수시 교육 진행
		이삭 줍기	- 맨투맨 방식의 지지자 확보
		전화홍보팀 활동	- 당원, 선거인단 대상 지지 성향 확인
		여론조사 경선 대비 활동	- 여론조사 참여 유권자 조직
		대세론을 통한 경선 승리	- 각종 홍보, 구전홍보 진행
	연고자 파악	연고자 확산과 지속	- 연고자를 지지자로 전환
	후보스 케줄	지역 순방 계획 수립	- 당내 경선 중심으로 계획 - 당내 주요 인사 면담 진행

홍보	경선 홍보 계획 수립	경선 홍보물 제작 계획 SNS 활용 계획 구전홍보 계획	- 선거기획사, 홍보팀 - 구전홍보팀 구성
	홍보물 제작	경선 홍보물 제작, 배포	- 후보 이미지, 메시지 중심
		SNS 콘텐츠 제작	- 웹 홍보물, 카드뉴스, UCC(동영상) 등
		개별 문자 및 카카오톡 발송	- 지지자, 우호적 유권자 명부 확보
	언론 홍보	적극적인 언론매체 활용	- 후보자 언론 인터뷰 진행 - 이슈 관련 언론 기사화
	이미지 전략	후보자 이미지 확산	- 이미지 상징화, 메시지화 진행

※ 위 항목들은 국민경선제 또는 당원/대의원제에 의한 경선에서의 준비 사항이다. 일반적으로 여론조사 방식 역시 비율의 차이가 있지만 반영된다.

(3) 3단계 : 본선 준비기

항목		점검사항	비고
전략 기획	선거 전략	본선 선거운동 구체 계획 수립	- 각 업무별, 일정별 구체 계획
	여론조사	ARS 여론조사 진행	- 인지도, 호감도, 지지도 중심 조사 - 본선 판세 분석 - 이슈 반응도 조사
	이슈/ 메시지	메시지 전략, 이슈 전략 수립	- 메시지 확산 경로 확정 - 이슈 중심 대중활동 전개
조직	조직 총력 준비	선거대책본부 구성 완료	- 선대위원장, 선대본부장 등 - 각 부서별 책임자 및 자원봉사자 배치 - 부서별 계획에 따른 실행 준비
		선거운동원(사무원) 구성 완료	- 지역 내 신망, 활동능력, 여론주도층, 선거경험자, 정당 내부 영향력 - 30-40대 중심, 기본인력 및 대체인력 확보

조직	조직 총력 준비	주요 팀 구성 및 운영	- 부정선거감시단 : 2인 1조, 4개조 이상 운영 - 법률지원팀 구성 : 변호사 등 자원봉사자 구축 - 직능팀 구성 : 직능단체, 향우회, 지역모임, 종교단체, 산악회 등 담당 - 차량지원팀 : 유세차량 및 선거운동 지원차량 관리 - 수행팀 : 후보자 및 후보자의 배우자 - 선거상황실 : 기획팀이 선거기간 중에는 상황실 운영
		선거운동원(사무원) 교육	- 후보자에 대한 기초교육(학력, 경력, 공약, 정책, 정치철학 등), 상대 후보 공략 지점 - 주요 메시지, 이슈에 대한 교육 - 팀별 특성에 맞도록 교육 / 타 깃 설정
	연고자 파악	연고자 확산과 지속	- 연고자를 지지자로 전환 - 유권자 명부 최대 확보 및 분류
	후보 스케줄	지역 순방 지속	- 유권자 최대 접촉 진행 - 본선 후보자 일정 계획 수립
홍보	본선 홍보계획 수립	본선 홍보물 제작 계획 SNS 활용 계획 구전홍보 계획	- 선거기획사, 홍보팀 - 구전홍보팀 구성
	메시지	메시지 전략 수립	- 후보자 홍보논리 개발, - 후보자 연설문, 지역 순방 인사 말, 후보자 연설 모니터링 등

홍보	홍보물 제작	본선 홍보물 제작 준비	- 선거벽보, 선거공보, 명함, 공약서 등
		SNS 콘텐츠 제작	- 웹 홍보물, 카드뉴스, UCC (동영상) 등
		방송 및 신문 광고 제작	- 초안 제작, 판세 분석 후 최종 제작 완료 - 방송연설 원고 준비 및 계획 확정
		개별 문자 및 카카오톡 발송	- 지지자, 우호적 유권자 명부 확보
		유세계획 수립 및 필요 물품 제작 준비 완료 .	- 유세차량, 모자, 티셔츠, 동영상, 로고송, 각종 유세 피켓 등
		기타 홍보물 제작 완료	- 현수막(거리형, 사무실용), 현판, 수첩형 소책자, 기타 필요 물품 등
	언론 홍보	적극적인 언론매체 활용	- 지역언론사 광고 섭외 - 이슈 관련 언론 기사화 - 보도자료 발간 지속화
	행사 기획	적극적인 행사 진행	- 선거대책본부 발족식 (사무실 개소식) - 본선 출정식(출정 기자회견, 기자간담회) - 후원회, 각종 부문별 지지 선언 준비
	TV 토론	TV 토론 준비 및 후보자 훈련	- 기획사, 홍보팀, 메시지팀

※ 위의 3단계 전략은 경선 완료 후 본선을 준비하기 위한 것이다. 본선의 경우 조직의 역할은 후보의 당락을 결정하는 매우 중요한 요인이므로 신중에 신중을 거쳐 조직을 구성해야 한다. 기획과 홍보 간에 중복된 역할들이 있기 때문에 유기적 또는 상호보완적으로 준비해야 한다.

(4) 4단계 : 본선

항목		점검사항	비고
전략	선거 전략	본선 득표 전략	- 일일 선거운동 지침 - 타깃에 대한 집중 득표 전략 - 판세 분석 및 최종 득표 목표 실현
	여론조사	ARS 여론조사 진행	- 후보자, 정당 지지도 중심 조사 - 본선 판세 분석 및 대응 - 이슈 반응도 조사
	이슈/ 메시지	본선 이슈 및 메시지 전략	- 유세문, 각종 홍보에 반영 - 이슈를 통한 득표 전략 실행 - 이슈 선점의 원칙
조직	조직 총력 동원 및 실행	선거대책본부 발족	- 대세몰이 진행
		각종 지지 선언	- 부문별(청년, 노동자, 여성, 학계, 법조계 등) 지지 선언 진행
		부정선거감시단	- 일일 부정선거감시체계 구축
	연고자 파악	연고자 확산과 지속	- 지지 가능 유권자층 확인 및 실제 투표 참여 전략
	선거 실무	투·개표 참관인 조직	- 지지자 중심의 조직화

홍보	본선 홍보물	선거벽보, 선거공보	- 일정에 맞게 제작완료, 배송
	메시지	메시지 전략	- 선거 막판 득표 논리 개발 - 지지자 투표 참여 메시지
	홍보물 제작	SNS 콘텐츠 제작	- 웹 홍보물, 카드뉴스, UCC(동영상) 등
		방송 및 신문 광고 제작	- 본선 상황에 따른 제작 완료 - 방송연설 원고 준비 및 계획 확정
		개별 문자 및 카카오톡 발송	- 지지자, 우호적 유권자 명부 확보
		선거 현수막 교체	- 이슈에 따른 현수막 내용 수정 및 교체
	언론 홍보	적극적인 언론매체 활용	- 막판 득표 논리 확산에 주력
	TV 토론	TV 토론 준비 및 후보자 훈련	- 인물론, 대세론 형성 - 이슈에 대한 대중적 확산
	당선 사례	당선 사례 현수막, 홍보물 제작	- 후보자 및 선거운동원 당선 인사 진행

이기는 선거를 위한
필수 참고 자료

1. (예비)후보자를 위한 분야별 체크리스트

(1) 전략홍보

구분	세부 내역	참고사항
홍보 기획	각종 홍보물 제작 및 첩부	선거사무소 내부용
	간판·현판·현수막 등 기획·디자인	선거사무소 첩부용
	예비후보자 홍보물 제작 및 발송	세대수의 1/10이내
	예비후보자 명함제작	9cm×5cm 이내
	법정 홍보물 기획·디자인	선전벽보·선거공보
	후보자 명함 기획·디자인	9cm×5cm 이내
	읍·면·동별 현수막 기획·디자인	첩부장소 사전 체크
	어깨띠·모자·티셔츠 기획·디자인	디자인의 통일성 고려
구전홍보 콜센터 (전화요원)	예비후보자용 구전홍보논리 개발 및 전파	홍보시스템 가동 및 점검
	콜센터 요원(자봉단) 확보 및 교육	후보자마다 20~100명
	당원(자원활동가) 매뉴얼 제작·교육	기획실, 조직실 작성

유세 차량	유세차량 기획·디자인 및 제작	지역실정에 맞는 차종
	영상홍보물 제작	5분 이내로 다이내믹하게
	로고송·당가 등 제작	따라 부르기 쉬운 3~5곡
	연설원·사회자 사전 섭외	실전 경험 중요
	유세팀 편성, 유세일정 기획 등	팀장·선발대·운전자 등
	율동조 편성 및 연습	선거사무원들로 선정
광고	TV, 라디오, 신문 광고 기획·디자인	광고매체 사전 선정 메시지, 이슈 중심
	인터넷광고 기획·디자인	
연설 대담	방송연설 원고작성 및 사전 연습	텔레비전·라디오 각 2회
	각종 대담·토론회용 원고 작성	전문 기획사 의뢰 가능
	거리연설용 원고 작성	2분·5분·10분 등으로 구분
기타	각종 메시지 기획	문자·음성·화상 등
	전자우편·보도자료 등	예비후보자 등록 직후부터
	후원회 안내장	후원회 구성

(2) 총무·행정

구분	세부 내역	비고
총무 행정	선거사무소 설치신고 및 세팅	사무기기 등
	선거대책본부 조직도 구성	예비후보 등록 이후 수정보완
	선거사무소 개소식 등에 따른 준비	초대장·다과류·조직화 등
	예비후보자 등록 및 후보자 등록서류	서류준비 : 약 1개월 소요
	예비후보자 홍보물 발송신고	우편요금영수증 사본제출
	각종 선관위 신청·신고서류 준비	선관위 사전 검토 필요
	선거사무소 일·숙직 등	당직관리
	선거사무장 및 선거사무원 선정	후보자·조직파트와 협의
	각종 회의연락 및 자료준비	기획실 등과 역할 분담
	업무용 차량 렌탈	계약서 체결
	콜센터 부스 등 설치	임시전화 20~100회선
회계	정치자금 및 선거비용 예산(안) 편성	자금사정 감안
	회계책임자 선임	회계실무 경험자
	정치자금 및 선거비용 수입·지출	계약서·영수증 반드시 정리

후원회	후원회 사무소 설치 준비	관할 선거구 내에 1개소
	후원회 사무소 간판 또는 현수막	가능한 현수막(1매) 제작
	후원회 대표자 선임 등 등록 준비	후원회 정관 등
	유급사무직원(회계책임자) 선정	정치자금법규 사전 숙지
	후원회 총회 개최 준비	장소섭외·초대장발송 등
	후원회 안내장·신문광고 기획	정치자금법에 따라
	후원회 홍보 뉴스레터 사전 준비	후원회 등록 후 누구에게나 발송 가능

(3) 조직 기획

구 분	세부 내역	비 고
조직 기획	선거대책본부장 등 주요 인사 선정	득표력, 상징성, 능력 중심
	당원 확대 운동 전개	예비후보등록 이전
	당보 등 배포	선거법에 따라
	연고자 추천운동 전개	각종 단체명부 등 확보
	비상연락망 구축 및 가동	정보취합, 구전홍보 전파
	분야별 조직팀장 등 선정·보완	노동·농민·여성, 시민사회단체 등
	자원활동가 확보 및 업무분장 등 관리	현장·구전·전화홍보팀
	핵심조직 교육 및 관리	일관성, 지속성 중요
	선거사무원 등 추천	총무파트와 협의
	선거운동원 배치계획안 수립	유세일정 등 고려
	후보자·배우자용 전화명단 제공	1일 50~100인 정도
	부정선거감시단 구성 및 운영	동·투표구·통·반별
	확대조직회의·실무조직회의 등 주관	회의연락·회의자료 준비
	지역 주요단체 등 관리	공개 지지선언 등 조직화
	투표율 높이기 운동 전개	시민·사회·학생단체 등

(4) 온라인

구분	세부 내역	비고
인터넷 사이버	인터넷·모바일 홈페이지, 블로그 제작·관리	관리자 선정(유급 가능)
	SNS(페이스북, 트위터, 인스타그램 등) 운영	관리 가능한 범위로 활용
	인터넷사이트 여론동향 체크·대응	기사 스크랩 관리
	사이버 자원봉사단 구성	온라인 여론 형성
	후보자 일기·보도자료·주요 기사 등	지속적인 업데이트
	사이버 릴레이 투표참여캠페인 전개	새내기 19세 유권자 등
	e-뉴스레터, 카드뉴스 등 전자우편 발송	예비후보자 등록 이후부터
	사이버 부정선거 감시활동 전개	관할경찰서 지능팀 신고

2. 후보자 체크리스트

(1) 후보자 인터뷰 진행 자료 (예시)

- 면담자 :
- 보조 :
- 면담 일시 :   년   월   일   시 ~   년   월   일   시
- 면담 장소 :

① 개인 신상

- 학력, 경력, 가족관계, 재산, 선거구 내 주요 활동 등 기본 항목
- 구설수에 오를 만한 사건은? (실제로 그런 일이 없었다 하더라도 혹시 상대방이 후보를 비방하기에 가장 좋은 루머나 비판)
- 성장할 당시 가정환경은? (자세히 서술)
- 건강정도와 투병경력은?
- 현 선거구에서의 거주 일시는?   년   월 ~ 현재 [년   개월]

② 공인 경력

• 직장 경력은?

직장명	재직년도	직위	비고
	년 월 ~ 년 월		
	년 월 ~ 년 월		
	년 월 ~ 년 월		

• 훈·포상 경력은?

구분	훈격	일시	수여자	이유

• 사회단체나 사회봉사 경력

기간	단체명	직위	단체 성격	회원수	비고

- 귀하의 정당 및 정치활동 경력을 자세히 말씀해 주십시오

가입년도	가입정당명	직위	활동기간	비고

- 현재 운영하는 사업체는?

사업체명	업종	자본금	종업원수	위치	특기사항

③ 정치, 사회에 대한 입장

- 존경하는 인물과 이유는? (일반, 정치인 구분)
- 자신이 평가하는 장단점은?
- 자신의 좌우명은?
- 한국 정치의 가장 큰 문제점은?
- 한국 정치의 문제점 해결 방안은?
- 정치인이 반드시 갖추어야 할 자질 두 가지는?
- 현재 정치인들이 비판받는 이유는?

- 한국 경제의 가장 큰 문제점은?
- 한국 경제의 문제점 해결 방안은?
- 바람직한 한국 경제의 상황은?
- 가장 큰 사회문제는?
- 자신의 정치적 입장은?

④ 선거 전략 수립 기초 인터뷰 항목

- 현재 거주하는 선거구의 가장 큰 문제점은?
- 예상되는 이번 선거의 최대 이슈는?
- 상대 후보와 비교할 때 자신의 강점과 약점은? (현재 상황에서)

	○○○ 후보		◇◇◇ 후보		△△△ 후보	
	강점	.약점	강점	약점	강점	약점
선거자금						
조직						
학력·경력						
지명도						
선거수행력						
대중친화력						
외모·풍채						

- 현재 자신할 수 있는 고정 지지표 기반은 무엇이며, 그 영향력은 어느 정도로 보는가?
- 사조직의 규모와 영향력은?
- 상대 후보에 대한 정보는 얼마나 알고 있는가?

	인지도
○○○ 후보	① 전혀 모름 ② 일반적 사항만 알고 있음 ③ 최근 동향까지 파악
◇◇◇ 후보	① 전혀 모름 ② 일반적 사항만 알고 있음 ③ 최근 동향까지 파악
△△△ 후보	① 전혀 모름 ② 일반적 사항만 알고 있음 ③ 최근 동향까지 파악
□□□ 후보	① 전혀 모름 ② 일반적 사항만 알고 있음 ③ 최근 동향까지 파악

- 출마하게 된 이유를 한마디로 말하면?
- 본인이 이번 선거에서 당선되어야 할 이유는?
- 출마에 가장 큰 역할을 한 조직이나 단체는?
- 당선된다면, 임기 중에 꼭 하고 싶은 일 세 가지는?
- 이번 선거에서 가장 중요하게 드러내고 싶은 자신의 이미지는?
- 자신이 생각하는 이번 선거의 기본 전략은? (구체적으로)
- 이번 선거의 구도와 양상에 대한 예상은?
- 어느 지역, 어느 계층에서 지지가 가장 많을 것 같은가?
- 가장 신뢰하고 크게 의지하는 조직은?
- 공조직 구성원의 능력에 대한 판단은?
- 사조직에 부여하는 비중과 역할은?
- 가장 자신 있는 지역과 이유는?

- 자신이 평가하는 자신에 대한 지역 주민의 인지도와 평가는?
- 지역과 관련하여 매달 지출하는 공적 비용은? (기부금, 경조사비 등)
- 자신이 생각하는 지역 숙원 사업은?
- 자신이 생각하는 지역 개발정책은?

⑤ 후보자 조사 요약 및 결론

강점	
약점	
문제점	
이미지	
결론	

(2) 상대 후보 체크리스트

① 출마 예상 후보

정당	예상 후보	경선 예측 및 출마 예측

② 상대 후보 기초 자료

이름		소속 정당		생년월일	
직업		주소			
재산 상황					
가족 관계					
학력					
경력					
출마 경력					
관련 단체					
활동 상황					
지역 여론					
여론 보도					
강점					
약점					
득표력					
이미지					
선거조직					
예상 전략					
기타 사항					

3. 선거구 일반 현황 조사 체크리스트

(1) 인구 및 주거 현황

· 인구 및 유권자 현황

	총수	남자 (%)	여자 (%)
인구수			
유권자수			
유권자수 / 인구수 (%)			
* 특이 사항			

· 읍·면·동별 인구 및 유권자 현황

동								
인구수								
유권자수								
유권자수 / 인구수 (%)								
세대수								
* 특이 사항								

- 유권자의 연령별 분포

동									
총계(총 인구)									
20~24세									
25~29세									
30~34세									
35~39세									
40~44세									
45~49세									
50대 이상									

- 유권자의 직업별 분포

직업 분류	유권자수 (명)	전체 합계 대비 비율 (%)
농/임/어업		
자영업/사업		
생산/기술직		
사무/전문직		

주부		
학생		
무직/기타		
전체 합계		

- 주거 형태 (단위: 세대)

	주택	단독 주택	아파트	연립주택	다세대 주택	영업용 건물 내 주택	주택 이외의 거처
전체							
△△ 1동							
△△ 2동							
...							

- 인구 및 주거의 종합적 현황

(2) 경제 현황

• 업종별·종사규모별 사업체수, 종사자수 (단위: 개, 명, %)

구분		계	5명 미만		5~19명		20~299명		300명 이상	
				구성비		구성비		구성비		구성비
전산업	사업체수									
	종사자수									
A. 농업·수렵업 및 임업	사업체수									
	종사자수									
B. 어업	사업체수									
	종사자수									
C. 광업	사업체수									
	종사자수									
D. 제조업	사업체수									
	종사자수									
E. 전기·가스 및 수도사업	사업체수									
	종사자수									
F. 건설업	사업체수									
	종사자수									
G. 도소매 및 소비자용품 수리업	사업체수									
	종사자수									

H. 숙박 및 음식점업	사업체수									
	종사자수									
I. 운수, 창고 및 통신업	사업체수									
	종사자수									
J. 금융 및 보험업	사업체수									
	종사자수									
K. 부동산, 임대 및 사업서비스업	사업체수									
	종사자수									
L. 공공행정, 국방 및 사회보정행정	사업체수									
	종사자수									
M. 교육 서비스업	사업체수									
	종사자수									
N. 보건 및 사회복지사업	사업체수									
	종사자수									
O. 기타 공공, 사회 및 개인서비스업	사업체수									
* 특이 사항										

- 상설 시장 현황

	시장명	소재지	매장 면적 (m²)	점포 수
상설 시장 (개)	○○시장	○○구 ○○동 ○○○번지		
	…			
대규모 소매점 (개)	△△ 마트	○○구 ○○동 ○○○번지		
	▽▽ 백화점	○○구 ○○동 ○○○번지		
	…			

- 경제 분야의 종합적 현황

(3) 각종 시설 및 조직 현황

• 체육공원 현황 (단위: 개소)

명칭	소재지	조성 년도	면적 (m²)	체육 시설	편익 시설	간이 운동장
계	개소			○종 ○○점	○종 ○○점	○종 ○○점
○○ 체육공원	○○구 ○○동 ○○○번지					
△△ 시민공원	○○구 ○○동 ○○○번지					
...						

• 동별 경로당 현황 (단위: 개소)

	개수	명칭 및 소재지
○○동		
△△동		
...		
합계		

• 각급 학교 현황

분류	학교명	설립	본/분	주야	남녀구분	주소	학급	학생	교원
유치원	○○ 유치원	사립	본교			~구 ~동 ~번지			
	…								
초등학교	△△ 초등학교	공립	본교			~구 ~동 ~번지			
	…								
중학교	▲▲ 중학교	공립	본교		남학교	~구 ~동 ~번지			
	…								
일반계 고	□□ 고등학교	사립	본교	주간	남녀 공학	~구 ~동 ~번지			
	…								
실업계 고	■■공업 고등학교	사립	본교	주·야	남학교	~구 ~동 ~번지			
	…								

대학	◇◇대학	사립	분교			~구 ~동 ~번지		
	◆◆ 대학교	국립						
	...							

- 각 동별 주민조직 현황 (단위: 명)

지역	계	동정자문위원회	방위협의회	바르게살기위원회	새마을조직				청년회	자유총연맹	도덕협의회	적십자봉사회	노인회	청소년지도	장학회	기타
					지도자	부녀회	문고	청년회								
○○동																△개 (자율방범 기동대)
△△동																▲개 (○○ 번영회)
...																

- 각종 시설 및 조직의 종합적 현황

_____

_____

_____

- 기타 현황

_____

_____

_____

4. 선거구 정치 지형 체크리스트

(1) 선거구 각급 공직자 현황

선거명	선거구명	이름	소속	주요 경력 및 인물 정보
국회의원				
구청장	○○구	◇◇◇		
광역의원	○○구 제1	◆◆◆		
	...			
구의원	○○동	□□□		
	...			

(2) 역대 선거 결과 (아래와 같은 방식으로 각 선거 분석)

- 2014년 지방선거 — 비례대표 선거

투표구명	선거인 수	투표 수	득표수					계
			○○당	◇◇당	□□당	…	…	
○○갑 합계								
부재자								
▽▽동 소계								
▽▽동 제1투								
▽▽동 제2투								
…								

선거 결과 분석 및 투표행동 특이 사항

_____

_____

- 2014년 지방선거(광역단체장, 기초단체장, 해당 선거), 2016년 지역구 국회의원 선거, 비례대표, 2017년 대통령 선거
  — 위 표와 같은 형식으로 분석

- 해당 선거구 역대 선거 투표율 추이

선거	선거구	투표율(%)	투표자수(명)
2014년 지방선거	전 국		
	서 울		
	○○갑		
2016년 국회의원선거	전 국		
	서 울		
	○○갑		
2017년 대통령선거	전 국		
	서 울		
	○○갑		

투표율 추이 특이 사항

- 예상 투표율 및 선거인수

예상 선거인 수(명)	예상 투표율(%)	예상 투표자수(명)
	45%일 때	
	50%일 때	
	55%일 때	
	60%일 때	

- 각 투표소별 소재지 (2017년 대통령 선거 기준)

투표소명	건물 소재지	투표소명	건물 소재지
○○동 제1투	~동 ~번지 ○○동사무소	△△2동 제1투	
○○동 제2투	~동 ~번지 ○○아파트 관리사무소	△△2동 제2투	
…			

- 선거 지형의 종합적 현황 분석

_____

_____

5. 선거구 정책개발 조사 체크리스트

(1) 역대 선거 공약 (아래와 같은 방식으로 각 선거 분석)

· 2014년 지방선거 – 광역단체장 선거

후보 및 소속	주요 공약
◆◆당 ○○○	
◇◇당 △△△	
기타 정당 □□□	

· 2014년 지방선거(기초단체장 선거, 광역의원, 기초의원, 교육감 선거), 2016년 국회의원 선거 등
  － 후보자 선거공보, 공약서, 홈페이지, 블로그 등을 꼼꼼히 분석
  － 위 표와 같은 형식으로 분석

· 역대 선거 공약 종합 분석

_____

_____

_____

(2) 지역 민원·숙원 사업

- 지역 민원 및 숙원 사업

민원·숙원 사업명	관련 지역	내용	사업 주도 정치세력 및 선거 영향

- 잠재된 지역 주요 현안

잠재 현안	관련 지역	내용	선거 영향 또는 비고

- 예상 선거공약

정당	관련 지역	내용	선거 영향 또는 비고

- 지역 민원·숙원 사업의 종합적 분석

6. 선거 전략 구상 체크리스트

(1) SWOT 분석

— 우리 후보자와 상대 후보자를 함께 작성하고, 비교할 것

외부 ＼ 내부		Strength (강점)	Weakening (약점)
		S.	W.
Opportunity (기회)	O.	S·O	O·W
Threatening (위험)	T.	T·S	T·W

(2) 후보 구도 분석

• 예상 후보 구도 분석

구도	구도 내용	구도 분석
2파전		
3파전 ①		
3파전 ②		
4파전		
다자 구도		

• 정당별·후보자별 예상수준 (강 : 당선 가능, 중 : 당선 진입권, 약 : 당선 불가)

정당					
정당 판세					
후보					
예상 판세					

- 예상되는 종합적 판세 분석에 따른 경우의 수

	판세 분석	결과
①		
②		
③		
④		
⑤		

- 종합적 판세 분석에 따른 대응 방향

(3) 득표 목표 설정

• 각 후보별 예상 득표 분석

정당	이름	고정 지지표	예상 득표율	45%일 때 (00,000명)	50%일 때 (00,000명)	55%일 때 (00,000명)	60%일 때 (00,000명)
○○당			25% + α				
◇◇당			20% + α				
●●당			10% ± α				
◆◆당			10% ± α				
무소속			5% ± α				
잔여분			30% ± α				

• 득표 목표 (총 유권자수 : 000,000명)

투표		득표 목표	
투표율	투표자수	득표율	득표수
45%	명	%	명
50%	명	%	명
55%	명	%	명
60%	명	%	명

(4) 표적집단 설정 및 득표전략 수립

• 표적집단 설정

구분	1 순위	2 순위
연령		
성별		
학력		
소득		
직업		
지역		

• 주요 타깃 설정 :
  고정 지지층을 조직화한 후 부동층에 대한 선거운동 강화로 나아간다.

주 표적집단	
핵심 표적집단	
부 표적집단	
지역 표적집단	

• 전략 구상 : 지금까지의 분석 내용을 토대로 3~5가지를 작성.

우선 순위	내용
①	
②	
③	
④	
⑤	

※ 연고자 명부 1만 명을 만들겠다, 주민 조직 3개 이상을 만들겠다,
지역 주요단체를 지지단체로 만들겠다, 선거 시기 홍보와 유세를 어떻게 하겠다 등.

7. 이미지 전략 및 홍보 전략 체크리스트

(1) 이미지 전략

- 후보자·상대 후보자 이미지 : 개인적 특성

	← 그렇다					그렇지 않다 →				
	10	9	8	7	6	5	4	3	2	1
젊다										
강하다										
건강하다										
정력적이다										
따뜻하다										
애정이 많다										
가족적이다										
이해심이 많다										
마음이 넓다										
정직하다										

• 후보자 이미지·상대 후보자 : 경력 및 업무능력

	← 그렇다					그렇지 않다 →			
	10	9	8	7	6	5	4	3	2	1
신중하다										
경험이 많다										
현안 해결 능력이 있다										
현명하다										
공정하다										
확실하다										
적극적이다										
날카롭다										
신속하다										
활동적이다										
전문성이 있다										
진보적이다										
청렴하다										

- 자신의 경력에 대한 순위 설정과 경쟁력 있는 후보가 되기 위한 브랜드를 설정하십시오.

순위	경력
1	
2	
3	
4	
5	

- 후보자 주요 콘셉트

	내용
①	
②	
③	

※ 정직한 정부, 경험 많은 후보, 젊은 후보, 준비된 후보

- 경쟁자 주요 콘셉트

	내용
①	
②	
③	

- 자기 소개 : 나는 ○○○이다. (30자 이내로 작성)

_____

_____

_____

_____

- 출마 동기 : 출마의 변 (50자 이내로 작성)

_____

_____

_____

_____

_____

_____

- 당선의 당위 : 왜 내가 당선되어야 하는가 (50자 이내로 작성)

_____

_____

_____

_____

_____

- 캐치프레이즈 · 슬로건

	내용
①	
②	
③	

(2) 홍보 논리 구상

- 대항 논리 : 자기의 경력이나 조직의 취약점에 대한 대응 (3~5개 항목 작성)

문	
답	① 주 논리 :
	② 보조 논리 :
	③ 근거 :

- 공격 논리 : 상대방의 경력이나 조직의 취약점에 대한 대응 (3~5개 항목 작성)

문	
답	① 주 논리 :
	② 보조 논리 :
	③ 근거 :

- 이슈 논리 : 새로운 쟁점을 부각시키기 위한 대응 (3~5개 항목 작성)

문	
답	① 주 논리 :
	② 보조 논리 :
	③ 근거 :

참고 문헌

권신일, 『승자만을 위한 전쟁』, 좋은책만들기, 2003.

김창남, 『선거캠페인의 원리와 실행전략』, 나남출판, 2007.

김학량, 『선거전략기획을 위한 선거공학론』, 캠스트, 2009.

김효태, 『선거 기획과 실행』, 새로운사람들, 2013.

다니엘 시·마이클 존 버튼, 『정치캠페인』, 전광우 옮김, 캠스트, 2006.

드니 린돈, 『정치마케팅, 선거를 위한 마케팅 전략』, 이성과현실, 1990.

박성민, 『강한 것이 옳은 것을 이긴다』, 웅진지식하우스, 2006.

배철호·김봉신, 『네거티브 아나토미』, 글항아리, 2017.

브루스 뉴만, 『대통령 선거 마케팅』, 김충현·이수범 옮김, 나남출판, 2000.

서경선, 『선거전략 노하우』, 리딩라이프북스, 2012.

석수경, 『나쁜 남자가 당선된다』, 글통, 2017.

석종득, 『선거전략 & 선거캠페인』, 두남, 2008.

선우영·이선주, 『선거와 여론조사』, 지식공작소, 1998.

송근원, 『선거공약과 이슈전략』, 한울, 1992.

신강균, 『선거당선비법 37전략』, 컴온북스, 2010.

양원호·이성호, 『선거, 그 오해와 진실』, 늘봄, 2008.

알 리스·잭 트라우트, 『마케팅전쟁』, 안진환 옮김, 비즈니스북스, 2006.

이재술, 『선거전략의 법칙』, 서우, 2010.

이진수, 『보좌의 정치학』, 호두나무, 2015.

이현우·이지호·서복경·남봉우·성홍식, 『표심의 역습』, 책담, 2016.

잭 트라우트·알 리스, 『포지셔닝』, 안진환 옮김, 을유문화사, 2006.

정창교, 『당선 노하우 99%』, 비타베아타, 2013.

죠셉 나폴리탄, 『정치컨설턴트의 충고』, 김윤재 옮김, 리북, 2003.

조지 레이코프, 『코끼리는 생각하지 마』, 유나영 옮김, 삼인, 2006.

이기는 선거를 위한 실전 매뉴얼

선거, 버려야 이긴다

초판 1쇄 발행 2017년 12월 11일

지은이 김준수
펴낸이 오은지
편집 변홍철 · 이호흔
디자인 박대성
펴낸곳 도서출판 한티재 | 등록 2010년 4월 12일 제2010-000010호
주소 42087 대구시 수성구 달구벌대로 492길 15
전화 053-743-8368 | 팩스 053-743-8367
전자우편 hantibooks@gmail.com | 블로그 www.hantibooks.com

ⓒ 김준수 2017
ISBN 978-89-97090-77-8 04340
ISBN 978-89-97090-40-2 (세트)

이 도서의 국립중앙도서관 출판예정도서목록(CIP)은 서지정보유통지원시스템
홈페이지(http://seoji.nl.go.kr)와 국가자료공동목록시스템(http://www.nl.go.kr/kolisnet)에
서 이용하실 수 있습니다. (CIP제어번호: CIP2017030993)